小学书法教学
与语文识字教学融合研究

□ 主　编　李雪萍
□ 副主编　齐光伟　郭　强　刘玉文
　　　　　卓道庆　邵思晗

汕头大学出版社

图书在版编目（CIP）数据

小学书法教学与语文识字教学融合研究 / 李雪萍主编；齐光伟等副主编． -- 汕头：汕头大学出版社，2023.8

ISBN 978-7-5658-5138-4

Ⅰ．①小… Ⅱ．①李… ②齐… Ⅲ．①书法课－教学研究－小学②识字课－教学研究－小学 Ⅳ．① G623.752 ② G623.222

中国国家版本馆 CIP 数据核字（2023）第 168742 号

小学书法教学与语文识字教学融合研究
XIAOXUE SHUFA JIAOXUE YU YUWEN SHIZI JIAOXUE RONGHE YANJIU

主　　编：李雪萍
副 主 编：齐光伟等
责任编辑：邹　峰
责任技编：黄东生
封面设计：优盛文化
出版发行：汕头大学出版社
　　　　　广东省汕头市大学路 243 号汕头大学校园内　邮政编码：515063
电　　话：0754-82904613
印　　刷：河北万卷印刷有限公司
开　　本：787mm×1092mm　1/16
印　　张：15
字　　数：240 千字
版　　次：2023 年 8 月第 1 版
印　　次：2023 年 12 月第 1 次印刷
定　　价：98.00 元
ISBN 978-7-5658-5138-4

　　李雪萍老师是书法专业出身，其书法基础知识扎实、书法技能高超，长期奋斗在小学语文教学、书法教学的第一线，教学经验丰富。其著作《小学书法教学与语文识字教学融合研究》是中国书法学科建设的一项学术成果，具有较高的学术价值。

　　书法成为国家一级学科，是文化自信的表现。这对我国书法事业必将产生深远影响。目前，从初等教育到高等教育，书法教学已初步形成一个连续性的总体框架。但书法教学的研究仍需要继续深入，尤其是小学阶段的书法教学，它是我国书法事业繁荣发展的基础，关系着书法的未来。目前，国家教育主管部门高度重视中小学书法教学，采取了一系列措施落实《中小学书法教育指导纲要》。在本书中，李雪萍老师根据《中小学书法教育指导纲要》，结合教学实际，对小学书法教学与语文识字教学的融合展开了深入探讨。

　　第一，本书论题的切入点是小学各年级书法教学与语文识字教学的对照。例如，部编教材小学语文 12 册中有 481 个生字与《九成宫醴泉铭》中的字对应，本书将其全部排序列表。这将书法教学与小学语文识字教学很好地结合了起来，为小学生识字和了解书法提供了便利，有利于小学生综合素质的提升。

　　第二，目前，中小学书法教材中的书法作品以楷书为主，楷书主要包括欧体、颜体、柳体、赵体四类。本书以欧体楷书作品、颜体楷书作品、柳体楷书作品、赵体楷书作品为例展开分析，并将其与小学语文识字教学相结合，为小学生进行书法训练以及识字提供了很好的参照。这是本书的亮点之一。

　　第三，小学书法教学与语文识字教学的融合具有一定的可行性。目前，这方面的研究较少，本书的出版对创新书法教学有重要的意义。

　　个人认为，本书的出版对小学语文识字教学和书法教学、教学大纲的完善、教材的编写有一定的参考价值。

当然，这种初步研究还有许多细节要抓，尤其是书写技法与书法审美的深入分析有待加强。我希望以此书的出版为契机，进一步推进这条道路上的学术探索，促进中小学书法教育的专业化与规范化，充分发挥中华优秀传统文化的基础性作用。

是为之序。

张天弓

2022 年 6 月

　　书法是中国传统文化的重要组成部分，每一个汉字都是一块活化石，记录了大量的文化信息，承载和传播着中华民族的文化精神。那么，如何让书法走进语文课堂，与识字教学相融合，让学生更好地继承和弘扬这一优秀传统文化呢？

　　2013 年，教育部发布了《中小学书法教育指导纲要》，该纲要指出："中小学书法教育以语文课程中识字和写字教学为基本内容，以提高汉字书写能力为基本目标，以书写实践为基本途径，适度融入书法审美和书法文化教育。"可见，书法教学是小学语文教学的重要组成部分，教师要重视小学书法教学和语文识字教学的融合。本书将欧阳询、柳公权、颜真卿、赵孟頫的经典楷书作品与部编教材小学语文 12 册中的汉字进行对照分析，探究小学书法教学与语文识字教学融合的方法，旨在让学生有效识字，掌握书写技巧和方法，更好地继承和弘扬书法这一优秀传统文化。

　　受笔者时间、精力等方面的限制，本书难免存在一些不足，恳请广大读者批评指正。

李雪萍

2022 年 6 月

目 录 CONTENTS

第一章 欧体

第一节　欧阳询简介

欧阳询（557—641年），字信本，潭州临湘（今湖南长沙）人，唐朝书法家。他精通书法，与虞世南、褚遂良、薛稷并称"唐初四大书家"，与颜真卿、柳公权、赵孟頫并称"楷书四大家"，与虞世南并称"欧虞"。因其子欧阳通善于书法，父子俩被合称为"大小欧"。欧阳询的书法于平正中见险绝，人称"欧体"。

一、人物生平

（一）少年流离

欧阳询的祖父欧阳颀历任使持节、都督衡州诸军事、安南将军、征南大将军等要职。欧阳询的父亲欧阳纥20岁随父从军，骁勇善战，后来出任大都督、广州刺史等要职。南朝陈太建元年（569年），皇帝因猜疑欧阳纥怀有二心，征召其为左卫将军。同年，欧阳纥据广州起兵反叛，第二年春天兵败被擒，举家上下仅欧阳询一人逃出，其余悉数被杀。此时，欧阳询年仅13岁。两个月后，皇太后驾崩，大赦天下，欧阳询因此而免死，逃过一劫，并被父亲生前好友江总收养。欧阳询跟随养父20余年，长居建康（今南京）。

（二）官场生涯

隋炀帝大业元年（605年），欧阳询任太常博士。

唐武德元年（618年），宇文化及自立为帝，欧阳询作为朝臣亦被他掳持。

唐武德二年（619年），窦建德攻破聊城。次年，欧阳询被夏国留用，授予太常卿一职。

唐武德五年（622年），秦王李世民大破窦建德于虎牢关，平定河北，欧阳询归顺唐高祖李渊，被授予侍中一职。

在唐朝，欧阳询累迁银青光禄大夫、给事中、太子率更令、弘文馆学士，受封渤海县男，故也被称为"欧阳率更"。

唐贞观十五年（641年），欧阳询逝世。

二、主要成就

欧阳询不仅是一代书法大家，还是一位书法理论家，他在长期的书法实践中总结出了习书练字的八法，并将自己习书练字的经验总结于所撰《传授诀》《用笔论》《八诀》《三十六法》等中，比较具体地总结了笔法、结体、章法等书写技巧和美学要求。他的这些著作是中国书法理论的珍贵遗产。

唐武德五年（622年），欧阳询应诏与人主持编撰《艺文类聚》。七年书成，欧阳询撰序言。全书共100卷，分48部，征引古籍达1 400余种。后来，这些古籍大多散佚，有赖《艺文类聚》保存这些古籍许多重要内容。

三、书法作品

楷书代表作：《九成宫醴泉铭》（图1-1）、《皇甫诞碑》（图1-2）、《化度寺碑》等。

图1-1 《九成宫醴泉铭》局部　　　　图1-2 《皇甫诞碑》局部

行书代表作：《仲尼梦奠帖》（图1-3）、《行书千字文》（图1-4）等。

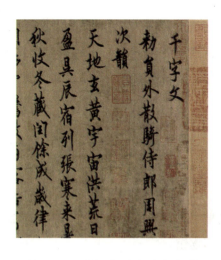

图1-3 《仲尼梦奠帖》局部　　　　图1-4 《行书千字文》局部

四、人物评价

虞世南评价欧阳询"不择纸笔,皆能如意"。

张怀瓘在《书断》中这样评价欧阳询:"八体尽能,笔力劲险,篆体尤精……飞白冠绝,峻于古人,有龙蛇战斗之象,云雾轻浓之势,风旋雷激,掀举若神。真行之书,虽于大令,亦别成一体,森森焉若武库矛戟,风神严于智永,润色寡于虞世南。其草书迭荡流通,视之二王,可为动色;然惊其跳骏,不避危险,伤于清雅之致。"

《宣和书谱》誉其楷书为"翰墨之冠"。

五、后世纪念

（一）欧阳询书法文化园

欧阳询书法文化园位于湖南省长沙市望城区书堂山街道书堂山村与何桥村的交界处,核心景区位于书堂山。书堂山濒临湘江,与长沙湘江航电枢纽毗邻,北距长沙铜官窑国家考古遗址公园6千米,南距长沙市中心城区约20千米,海拔192.4米,主峰面积1.85平方千米,是欧阳询父子书法学习和创作的重要场所,距今已有1 500年的历史。山中欧阳询祖居、书堂古寺等遗迹保存较好,"太子围圩""洗笔泉池"等书堂八景遗风尚存。

（二）中国书堂山首届踏青节

中国书堂山首届踏青节于2014年3月23日—4月10日在湖南省长沙市望城区

书堂山街道举行。该踏青节由书堂山欧阳询书法文化园主办，望城区旅游局、长沙铜官窑遗址管理处、新华联铜官窑国际文化旅游度假区协办，目的是纪念欧阳询，使参与者更好地认识欧阳询及其作品。

第二节　《九成宫醴泉铭》简介

《九成宫醴泉铭》（图1-5）是唐贞观六年（632年）由魏徵撰文、欧阳询书丹而成的楷书作品（碑刻者不可考），高247厘米，宽120厘米，厚27厘米，现存于麟游县博物馆。

图1-5　《九成宫醴泉铭》

《九成宫醴泉铭》叙述了"九成宫"的来历及其建筑的雄伟壮观，歌颂了唐太宗的武功文治和节俭精神，介绍了宫城内发现醴泉的经过，并刊引典籍说明醴泉的出现是由于"天子令德"，最后提出"居高思坠，持满戒盈"的谏诤之言。

《九成宫醴泉铭》结体修长，中宫收紧，四边开张，左敛右纵，化险为夷；字形随势赋形，左右结构呈相背之势，上下结构为上窄下宽，间架开阔稳定，气象庄严；布白匀整，字距、行距疏朗。

《九成宫醴泉铭》是欧阳询晚年经意之作，历来为学书者推崇，视为楷书正宗，被后世誉为"天下第一楷书"或"天下第一正书"。

一、作品内容

九成宫醴泉铭

秘书监检校侍中钜鹿郡公臣魏徵奉敕撰。

维贞观六年孟夏之月，皇帝避暑乎九成之宫，此则随之仁寿宫也。冠山抗殿，绝壑为池，跨水架楹，分岩耸阙，高阁周建，长廊四起，栋宇胶葛，台榭参差。仰视则迢递百寻，下临则峥嵘千仞，珠璧交映，金碧相晖，照灼云霞，蔽亏日月。观其移山回涧，穷泰极侈，以人从欲，良足深尤。至于炎景流金，无郁蒸之气，微风徐动，有凄清之凉，信安体之佳所，诚养神之胜地，汉之甘泉不能尚也。皇帝爱在弱冠，经营四方，逮乎立年，抚临亿兆，始以武功壹海内，终以文德怀远人。东越青丘，南逾丹徼，皆献琛奉贽，重译来王，西暨轮台，北拒玄阙，并地列州县，人充编户。气淑年和，迩安远肃，群生咸遂，灵贶毕臻，虽藉二仪之功，终资一人之虑。遗身利物，栉风沐雨，百姓为心，忧劳成疾，同尧肌之如腊，甚禹足之胼胝，针石屡加，腠理犹滞。爰居京室，每弊炎暑，群下请建离宫，庶可怡神养性。圣上爱一夫之力，惜十家之产，深闭固拒，未肯俯从。以为随氏旧宫，营于曩代，弃之则可惜，毁之则重劳，事贵因循，何必改作。于是斫雕为朴，损之又损，去其泰甚，茸其颓坏，杂丹墀以沙砾，间粉壁以涂泥，玉砌接于土阶，茅茨续于琼室。仰观壮丽，可作鉴于既往，俯察卑俭，足垂训于后昆。此所谓至人无为，大圣不作，彼竭其力，我享其功者也。然昔之池沼，咸引谷涧，宫城之内，本乏水源，求而无之，在乎一物，既非人力所致，圣心怀之不忘。粤以四月甲申朔旬有六日己亥，上及中宫，历览台观，闲步西城之阴，踌躇高阁之下，俯察厥土，微觉有润，因而以杖导之，有泉随而涌出，乃承以石槛，引为一渠。其清若镜，味甘如醴，南注丹霄之右，东流度于双阙，贯穿青琐，萦带紫房，激扬清波，涤荡瑕秽，可以导养正性，可以澄莹心神。鉴映群形，润生万物，同湛恩之不竭，将玄泽于常流，匪唯乾象之精，盖亦坤灵之宝。谨案：《礼纬》云：王者刑杀当罪，赏锡当功，得礼之宜，则醴泉出于阙庭。《鹖冠子》曰：圣人之德，上及太清，下及太宁，中及万灵，则醴泉出。《瑞应图》曰：王者纯和，饮食不贡献，则醴泉出，饮之令人寿。《东观汉记》曰：光武中元元年，醴泉出京师，饮之者痼疾皆愈。然则神物之来，寔扶明圣，既可蠲兹沉痼，又将延彼遐龄。是以百辟卿士，相趋动色，我后固怀撝挹，推而弗有，虽休勿休，不徒闻于往昔，以祥为惧，实取验于当今。斯乃上帝玄符，天子令德，岂臣之末学所能丕显。但职在记言，属兹书事，不可使国之盛美，有遗典策，敢陈实录，爰勒斯铭。其词曰：

惟皇抚运，奄壹寰宇，千载膺期，万物斯睹，功高大舜，勤深伯禹，绝后光前，登三迈五。握机蹈矩，乃圣乃神，武克祸乱，文怀远人，书契未纪，开辟不臣，冠冕并袭，琛贽咸陈。大道无名，上德不德，玄功潜运，几深莫测，凿井而饮，耕田而食，靡谢天功，安知帝力。上天之载，无臭无声，万类资始，品物流形，随感变质，应德效灵，介焉如响，赫赫明明。杂沓景福，葳蕤繁祉，云氏龙官，龟图凤纪，日含五色，乌呈三趾，颂不辍工，笔无停史。上善降祥，上智斯悦，流谦润下，潺湲皎洁，萍旨醴甘，冰凝镜澈，用之日新，挹之无竭。道随时泰，庆与泉流，我后夕惕，虽休弗休，居崇茅宇，乐不般游，黄屋非贵，天下为忧。人玩其华，我取其实，还淳反本，代文以质，居高思坠，持满戒溢，念兹在兹，永保贞吉。

兼太子率更令勃海男臣欧阳询奉敕书。

二、艺术鉴赏

（一）造型

在造型方面，《九成宫醴泉铭》有不少字明显受到隶书的影响，如"亥"字，只是将隶书起笔的横改成点，撇改成竖钩。在用笔方面，以横、竖代点也是保持了隶书的写法。首点大多用横，如"户、充"等字；宝盖头上的点则用短短的一竖，如"官"等字；带有竖弯钩的字，其竖弯钩几乎完全照搬隶书的写法，如"光、克、元、也"等字。

（二）碑法

《九成宫醴泉铭》中的许多字取法于魏碑。有些点画，如"戈"字的右上点、

"必"的中间一点、三点水的中间一点等，都以"短撇"来代替。这些笔画是北魏楷书的写法。可以说，《九成宫醴泉铭》这样的欧体字与魏碑书体有着千丝万缕的联系，尤其是方笔特征明显的魏碑，如《张猛龙碑》《龙门二十品》等。

（三）行法

《九成宫醴泉铭》中的许多字以点代横、竖、撇、捺等笔画，体现了行书的特点，如"甘、色、无、流"等字。

（四）结体

1. 字形窄长

欧体字主要通过压缩横画、伸展竖画、戈钩长伸、撇捺舒展等方法达到字形窄长的目的，如"佳、成、未、奉、夏"等字。

2. 主笔突出

主笔就是每个字当中最主要且最突出的一笔。主笔写好了，这个字就重心稳定、美观。比如，"善"字的第四横写得特别长，"氏"字的斜钩写得特别长，"毕"字的竖写得粗壮有力，等等。

3. 同字异构

《九成宫醴泉铭》中许多相同的字在结体上都有微妙的差异，目的是同中求变，增加意趣。比如，"而、之、出"等字，临习者要细心观察、揣摩。

4. 连笔增减

楷书中若加入适当的行书笔意，会使字显得更灵动活泼。比如，"每"字的两点以竖替代，"无（無）"字下部四点写成了连三点，"胜"字右部采取了行书的写法。在书法结体中，为了打破机械重复，书法家常常根据结体的需求，对汉字增减笔画，以展现汉字的变化之美。比如，"辟"字右部的"辛"增加了一横，"建"字左上添了一点，"京"字的"口"里加了一横，"氏"字右上加了一点，"拒"字右下加了一个小竖点，"土"字右边加了一点，"流"字右上省略了点，"极"字的木字旁省略了点，"皆"字下部的"白"省略了撇，等等。

5. 左收右放

左右结构的字，如"地、停、德"等字，一般左边笔画写得紧凑，右边笔画适当放开。

6. 移位增险

移位增险即通过调整字的部件，增强字的险峻之势。比如，在《九成宫醴泉铭》

中，"盛"字下部的"皿"调到了左下，"感"字下部的"心"调到了左下，"旧（舊）"字下部的"臼"调到了右下，"坠"字下部的"土"调到了右下，"瑞"字右上的"山"侧卧，"紫"字上部的竖弯钩移位下伸，等等。

7. 内紧外放

欧体字一般中宫紧收，四围放纵，如"武、奉、葳"等字。

8. 满而不虚

此类字周围有边栏包围，书写时中间部分要写得饱满、紧凑。同时，在书写这类字时，边框要适当往里靠，以求视觉上的平衡。比如，"闻、园、图、阙、间、闭、阁"等字。

9. 附丽贴零

附丽就是依附、贴近，不要疏离的意思。字的各组成部分要相互依附，不可离散，要以小附大、以少附多，如"起、瀑、垂、灵"等字。贴零就是说写"零"字和与之类似的字的最后一点时要点得妥帖。这类字中的点画零碎，要写得贴紧，排列有序，以免显得杂乱无章，如"令、景"等字。

三、名家点评

历代品评《九成宫醴泉铭》：

正书第一。

——赵崡《石墨镌华》

《醴泉铭》高华浑朴，法方笔圆，此汉之分隶，魏晋之楷合并酝酿而成者，伯施以外，谁可抗衡。

——郭尚先《芳坚馆题跋》

字有九宫，分行布白是也。右军《黄庭经》《乐毅论》，欧阳率更《醴泉铭》《千字文》，皆九宫之最准者。其要不外斗笋接缝，八面皆满，字内无短缺处，字外无长出处，总归平直中正，无他谬巧也。

——周星莲《临池管见》

人不能到而我到之，其力险；人不敢放而我放之，其笔险。欧书凡险笔必力破余地，而又通体严重，安顿照应，不偏不支，故其险也劲而稳。

——梁巘《评书帖》

中国汉字数万单字，最难在结构各异，其视觉造型的魅力亦在此，而又施以笔法，得其"险劲"，尤难。纵观古往今来书法，其结字准确无误而得"险劲"之美者，欧阳询堪称冠绝。欧阳询来源于王羲之，而实际胎息于汇聚南北书风的隋碑，并集其大成，其《九成宫醴泉铭》也成为具有馆阁体书法倾向的楷书典则。

——刘正成《书法艺术概论》

总评：欧阳询所书的《九成宫醴泉铭》被后世喻为"天下第一楷书"或"天下第一正书"，享有"楷书之极则"的美誉。

四、后世影响

欧阳询人到中年，书名播于世，"八体皆能"，至其晚年，其书法艺术水准已臻化境，书《九成宫醴泉铭》时已 76 岁，加之又是奉敕而作，更是用心，且此铭笔力刚劲清秀，结体险绝瘦峻，既得北碑方正峻利之势，又有南帖风姿秀雅之韵，故历代被推为学书之正途、初学之典范，有"正书第一""唐楷之冠""翰墨之冠""楷书之极则"等美誉。后世科举考试写字的取法都以欧体为考卷之准绳，足见《九成宫醴泉铭》影响力之深远。

五、研究价值

《九成宫醴泉铭》是一部书法碑帖，记载了李世民在九成宫组织讨论如何治理国家，让百姓相信朝廷，以及"轻徭薄赋，励精图治"的政治策略。《九成宫醴泉铭》也反映了贞观年间的建筑方针和设计理念。21 世纪，中国经济水平和建筑技术已经不是古代能企及的，但城市建设仍存在着一些问题。"以铜为鉴可正衣冠，以古为鉴可知兴替，以人为鉴可明得失"（《新唐书·魏徵传》），《九成宫醴泉铭》记载的工程建设理念在现代仍有一定的现实意义。

六、历史传承

《九成宫醴泉铭》成于唐贞观六年（632 年），立碑不久，便被爱好欧书者捶拓，拓本当时已不易得。其后，捶拓者纷至沓来，碑字乃漫漶。所以，碑石因年久风化，加之捶拓过多，断损严重，并经后人多次开凿，浅者深之，疲者肥之。久而久之，碑字几乎无一笔不凿，以致笔画枯疲，锋芒全失。现碑座已经破损，碑首与碑身一体，存于麟游县博物馆。

另外，《九成宫醴泉铭》有宋拓明驸马李祺本，清初高氏重新装裱。此本笔画丰腴、字迹清晰，为传世宋拓最佳者。1956 年，张明善将其捐献给国家，现藏于北京故宫博物院。

第三节　硬笔书法与毛笔书法衔接、相互促进的可行性分析 ——以《九成宫醴泉铭》对应汉字为例

小学低年级是学习汉字的起点，特别重要。《教育部关于中小学开展书法教育的意见》要求："一至三年级着重培养学生硬笔书写能力，首先要能使用硬笔熟练地书写正楷字，做到规范、端正、整洁；随着年级升高，逐步要求行款整齐，力求美观，并学写规范、通行的行楷字，提高书写速度。三年级开始，过渡到硬笔软笔兼学。"《中小学书法教育指导纲要》要求："小学低年级学习用铅笔写正楷字，掌握汉字的基本笔画、常用的偏旁部首和基本的笔顺规则；会借助习字格把握字的笔画和间架结构，书写力求规范、端正、整洁，初步感受汉字的形体美。小学中年级开始学习使用钢笔，能用钢笔熟练地书写正楷字，做到平正、匀称，力求美观，逐步提高书写速度。"按照这种一至三年级硬笔书写的基本要求，一至三年级语文教材中需要识写的 1 300 个生字是临写对象，学校可以编写类似《九成宫醴泉铭》欧体书风的简体字硬笔书法字帖，以《九成宫醴泉铭》中对应的 335 个字为基准，具体思路如下：

（1）335 个字按照语文教材中生字学习的先后排序。

（2）335 个字中有 230 个为简体字，可直接硬笔临仿成范本；有 105 个字为繁体字，硬笔临写需将这些字转换为简体字。

（3）335 个字中有 91 个为独体字，学生可重点学习这些字的基本笔顺规则。

（4）335 个原帖字，可以对比参照。

三至六年级是兼习硬笔书法和毛笔书法的阶段。教师在重视学生硬笔书法练习的同时，要抓好学生的毛笔书法练习。

（1）三年级毛笔书法的教学是临写与一、二年级语文教材中生字对应的《九成宫醴泉铭》之字，即 233 个字，其中有 83 个独体字。因为学生在之前的硬笔书法学习中也是临写这些字，对这些字的基本笔画、基本结构、偏旁部首已熟悉，所以对毛笔书法的学习事半功倍。

（2）四年级毛笔书法的教学是临写与三、四年级语文教材中生字对应的《九成

宫醴泉铭》之字，即 168 个字，三年级 102 个字中有 8 个独体字，四年级 66 个字中有 5 个独体字。此阶段要求学生在巩固用笔技巧的同时，很好地认识偏旁部首、结体规律，提升书写能力。

（3）五、六年级毛笔书法的教学主要是临摹《九成宫醴泉铭》原帖，包括与五、六年级语文教材中生字对应的 80 个字。此阶段，教师要加强对学生读帖能力的培养，做好书法欣赏的引导，让学生体会字的形体美与精神美。

需要注意的是，临摹《九成宫醴泉铭》原帖会涉及繁体字、异体字，这就需要汉字文化知识的教学。对此，教师要进行"用简识繁"的教学探索，引导学生学习中华优秀传统文化，同时注意对异体字加以解释说明，避免学生在学习过程中将其误认为错别字。

第四节 实用书写与书法审美相结合的可行性分析
——以《九成宫醴泉铭》对应汉字为例

小学阶段应该把对学生汉字书写能力的培养摆在重要地位，因为其书写水平影响着每门课程的学习效果。以往部分教师在教学中重实用书写轻书法审美，导致一些学生的汉字书写能力偏低。当前教师大都对此问题已有一定的认识，开始将实用书写与书法审美结合起来展开教学。下面重点探索实用书写与书法审美相结合的可行性。

小学阶段，学生主要学习楷书，将楷书作品《九成宫醴泉铭》作为贯穿小学阶段的学习范本与标准，客观上为在书法教学中培养学生的审美能力奠定了基础。

（1）一至三年级是硬笔书法学习阶段，《九成宫醴泉铭》中有 335 个字是语文教材中学生需要识写的生字，其中 230 个字是古今同形的简体字，可直接转换成硬笔书写的范本。当前社会上有许多临仿《九成宫醴泉铭》的硬笔书法字帖，所以从小学一年级开始，教师就可以将《九成宫醴泉铭》作为范本，让学生进行仿写练习，感受中国汉字之美。三至六年级的毛笔书法教学中，学生重复学习了这 335 个字，并通过临习原帖强化了这种美感体验，提升了书法审美能力。

（2）小学低年级阶段，书法教学的关键在于培养学生的学习兴趣与良好的学习习惯；小学中年级阶段，书法教学的关键在于让学生掌握书写技巧与方法；小学高年级阶段，书法教学的关键在于培养学生的审美能力。汉字文化知识的传授、书法艺术欣赏教学可以激发学生的学习兴趣，使学生养成良好的习惯。范本临摹可以规范学生的书写，让学生在临摹过程中掌握书写技能与方法，逐渐提升审美能力。社会上有许多临仿《九成宫醴泉铭》的硬笔书法作品、毛笔书法作品（图1-6—图1-9），这些作品具有一定的审美价值，都可以为教师所用。

图1-6 钢笔楷书习字帖

图1-7 钢笔楷书习字帖内页

图1-8 集字古文字帖

图1-9 集字古文字帖内页

第五节　部编教材小学语文 12 册与《九成宫醴泉铭》对应汉字

一、部编教材小学语文 12 册中识写生字与《九成宫醴泉铭》中汉字的对应关系分析

小学语文教材是依据《义务教育语文课程标准（2022 年版）》编写的，比较规范。《中小学书法教育指导纲要》虽然注重小学阶段书法教学与语文课程的衔接，但没有制定"书法课标"。叶培贵的《〈中小学书法教育指导纲要〉解读》详细解说了这种现状。虽然现行的 11 种通用小学书法教材各具特色，但包括以《九成宫醴泉铭》为楷书学习范本的几本书法教材（图 1-10、图 1-11）都没有与语文识字、写字教学相结合。这些教材是小学书法教学起步阶段的首次试用性书法教材，无须苛求，不过这种现状警示教师必须研究这种结合的可行性。

图 1-10　小学书法教材之一　　　　　图 1-11　小学书法教材之二

欧阳询的《九成宫醴泉铭》是唐代楷书的典范之一，是后世学习楷法的名帖，尤其是严谨精巧的结体，成为人们探寻楷书结构规律的主要依据。其已被列入《中小学书法教育指导纲要》"附录 3 临摹范本推荐"中的楷书碑帖目录。依据北京故宫博物院藏《九成宫醴泉铭》（李祺本），计 2 018 个可辨识文字，对原帖印刷本（图 1-12）进行切割，对比 12 册语文教材中的 2 500 个生字，其结果如下：低年级阶段为 233 个字，其中一年级为 118 个字，二年级为 115 个字；中年级阶段为 168 个字，其中三年级为 102 个字，四年级为 66 个字；高年级阶段为 80 个字，其中五年级为 49 个字，六年级为 31 个字。

图 1-12　《九成宫醴泉铭》原帖印刷本

二、部编教材小学语文 12 册与《九成宫醴泉铭》对应汉字表

部编教材小学语文 12 册与《九成宫醴泉铭》对应汉字如表 1-1 所示。

表 1-1　部编教材小学语文 12 册与《九成宫醴泉铭》对应汉字表

年级	册	课本生字数量 （个）	《九成宫醴泉铭》 对应汉字数量 （个）	比例	《九成宫醴泉铭》对应汉字
一	上	100	53	53.00%	一、二、三、上、日、田、云、山、十、子、人、大、月、可、东、西、天、四、是、开、水、去、来、不、书、本、土、力、心、中、五、立、正、在、后、我、长、下、雨、有、从、明、同、学、己、又、和、用、几、石、出、回、工

续表

年级	册	课本生字数量（个）	《九成宫醴泉铭》对应汉字数量（个）	比例	《九成宫醴泉铭》对应汉字
	下	200	65	32.50%	风、双、国、王、方、青、清、气、请、生、右、时、动、万、以、北、京、太、阳、校、金、因、为、也、地、居、乐、玩、当、思、前、光、色、分、高、千、成、运、池、凉、夕、足、声、身、体、之、相、远、玉、无、机、台、美、加、文、元、经、百、还、非、常、往、家、象、房
二	上	250	61	24.40%	变、极、海、作、坏、带、如、更、知、群、壮、深、六、九、年、然、及、并、信、今、珠、笔、闭、事、沉、黄、照、南、每、名、胜、丽、华、起、城、利、井、观、将、谢、言、道、产、师、士、忘、度、龙、令、敢、阴、于、屋、步、食、物、神、始、公、但、得
	下	250	54	21.60%	碧、寻、荡、礼、引、注、满、休、能、味、甘、劳、波、景、求、州、甲、与、般、精、灵、游、周、充、记、使、图、交、伯、穷、绝、含、鸟、垂、户、针、导、永、宇、室、安、夫、终、期、泉、应、编、功、反、觉、类、炎、此、新
三	上	250	49	19.60%	汉、停、所、扬、盖、泥、列、则、乱、闻、离、谷、接、流、壁、沙、响、盛、而、察、至、饮、镜、未、岩、宝、贵、载、夏、洁、实、视、显、感、激、重、乎、庭、登、弃、持、轮、养、粉、男、者、惜、肯、诚

续表

年级	册	课本生字数量（个）	《九成宫醴泉铭》对应汉字数量（个）	比例	《九成宫醴泉铭》对应汉字
四	下	250	53	21.20%	崇、形、随、蹈、耕、其、谦、弱、代、鹿、映、赏、致、旧、符、欲、何、佳、录、保、验、欧、县、史、智、历、内、寿、昆、建、跨、闲、冰、克、续、秘、理、差、虽、廊、若、越、呈、润、宁、官、参、必、武、性、取、莫、架
四	上	250	32	12.80%	犹、纪、亿、质、善、降、阁、固、临、良、竭、帝、曰、抗、既、福、甚、握、念、改、亏、尤、品、词、亦、肃、怀、效、训、唯、魏、徒
四	下	250	34	13.60%	徐、杂、茅、凤、率、藉、测、末、辟、臭、疾、繁、涂、霞、忧、虑、职、勃、戒、侍、紫、郁、移、迈、乾、坤、勤、焉、维、卑、介、矩、砌、损
五	上	220	33	15.00%	宜、恩、澄、臣、献、典、拒、罪、冠、俯、延、扶、乃、亥、潜、皇、毁、览、奉、氏、杀、仁、龟、毕、暑、愈、怡、谓、岂、皆、葛、琐、朴
五	下	180	16	8.89%	承、坠、仞、遗、庆、龄、匪、祥、泽、瑞、监、圣、斯、仪、秽、享
六	上	180	18	10.00%	陈、微、案、德、贯、涧、悦、渠、颓、尚、涌、莹、资、贡、睹、纯、萍、凝
六	下	120	13	10.83%	腊、宫、惧、凄、乏、袭、蒸、凿、避、刑、泰、弗、纬
合计	12册	2 500	481	19.24%	

由表 1-1 可知，《九成宫醴泉铭》与语文教材中 481 个生字的对应呈现如下特点：一是从低年级到高年级呈显著递减趋势；二是 102 个独体字主要集中于低年级，其中一年级有 63 个字，二年级有 22 个字。

这种分布特点切合小学语文识字、写字教学的进度，使书法课与语文课的结合具有很强的操作性。在此基础上，教师能够开展硬笔书法与毛笔书法、用简体字与识繁体字、实用书写与书法审美"三结合"的探索。基本思路如下：

（1）低年级阶段（一、二年级）学习硬笔书法，重点是培养学生写字的兴趣、良好的书写姿势和书写习惯，使识字与写字融为一体，相互促进。

（2）中年级阶段（三、四年级），学生开始学习毛笔书法，此阶段的重点是毛笔书法与硬笔书法的衔接、相互促进，并使学生熟悉毛笔的特点，掌握基本书写技巧与方法。

（3）高年级阶段（五、六年级），除要巩固学生的良好书写习惯与正确书写方法外，还要培养学生的书法审美意识。

教师从低年级阶段开始就可以《九成宫醴泉铭》为临摹范本，并将其贯穿小学书法教学始终，使得书法欣赏教学与识字、写字教学同步。

总之，从古到今，无论硬笔字还是毛笔字，其字形的规范、整洁、大方都包含着一定程度的审美，因此在书法教学中，教师不仅要让学生感受到汉字的形体美，还要引导学生感悟汉字蕴含的精神美。

三、部编教材小学语文 12 册与《九成宫醴泉铭》对应汉字图

（一）部编教材小学语文一年级上册与《九成宫醴泉铭》对应汉字

| 水 | 有 | 大 | 中 | 日 |

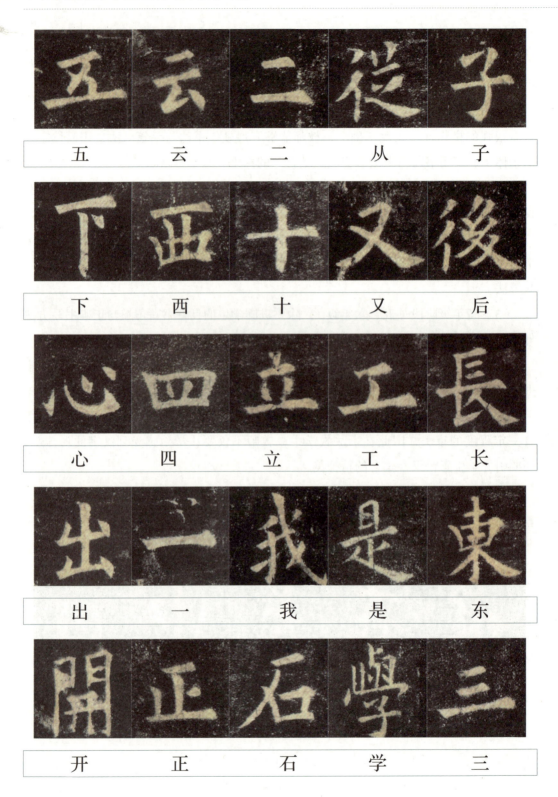

五	云	二	从	子
下	西	十	又	后
心	四	立	工	长
出	一	我	是	东
开	正	石	学	三

月	同	力	雨	后
上	云	用	可	去
来	在	土	书	田
明	几	本	和	天
不	山	回	人	己

（二）部编教材小学语文一年级下册与《九成宫醴泉铭》对应汉字

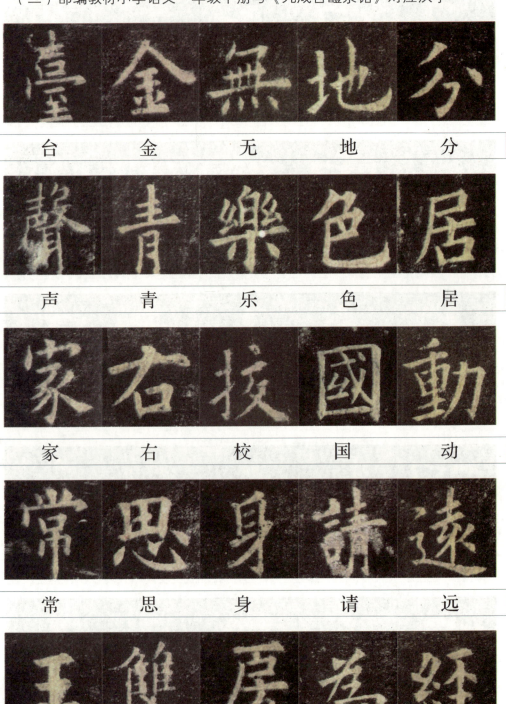

台	金	无	地	分
声	青	乐	色	居
家	右	校	国	动
常	思	身	请	远
王	双	房	为	经

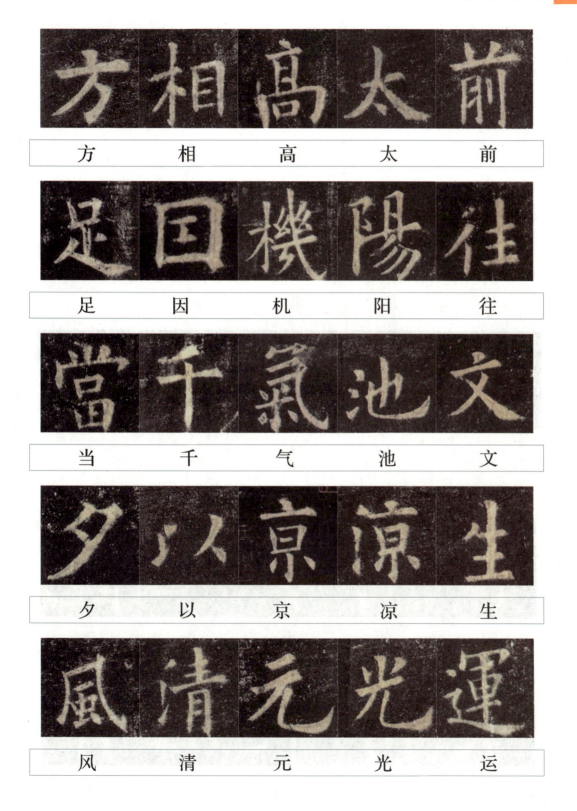

方	相	高	太	前
足	因	机	阳	往
当	千	气	池	文
夕	以	京	凉	生
风	清	元	光	运

| 百 | 也 | 玩 | 万 | 时 |

| 美 | 加 | 非 | 成 | 玉 |

| 之 | 北 | 体 | 还 | 象 |

（三）部编教材小学语文二年级上册与《九成宫醴泉铭》对应汉字

| 照 | 闭 | 令 | 沉 | 观 |

| 阴 | 将 | 食 | 九 | 井 |

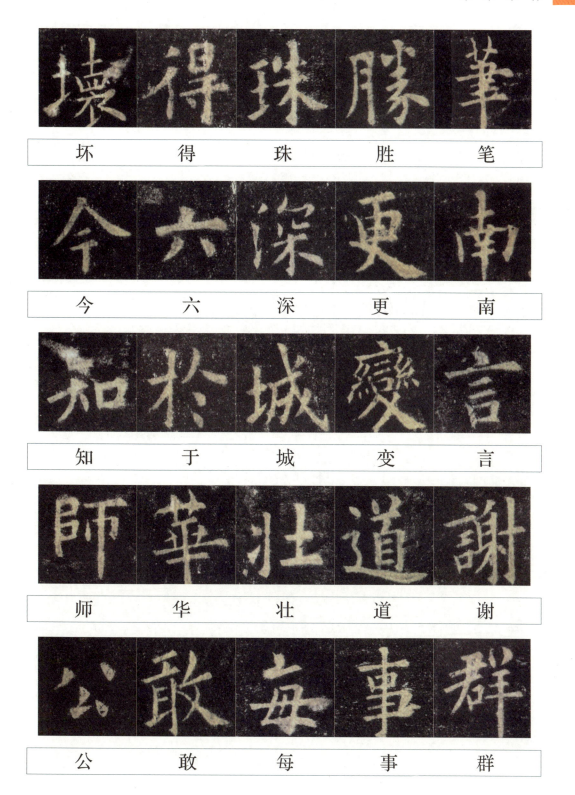

坏	得	珠	胜	笔
今	六	深	更	南
知	于	城	变	言
师	华	壮	道	谢
公	敢	每	事	群

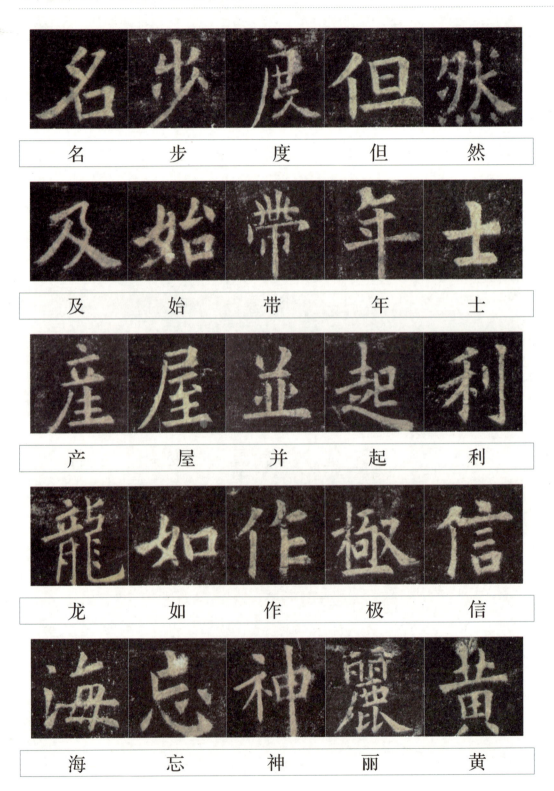

名	步	度	但	然
及	始	带	年	士
产	屋	并	起	利
龙	如	作	极	信
海	忘	神	丽	黄

物

（四）部编教材小学语文二年级下册与《九成宫醴泉铭》对应汉字

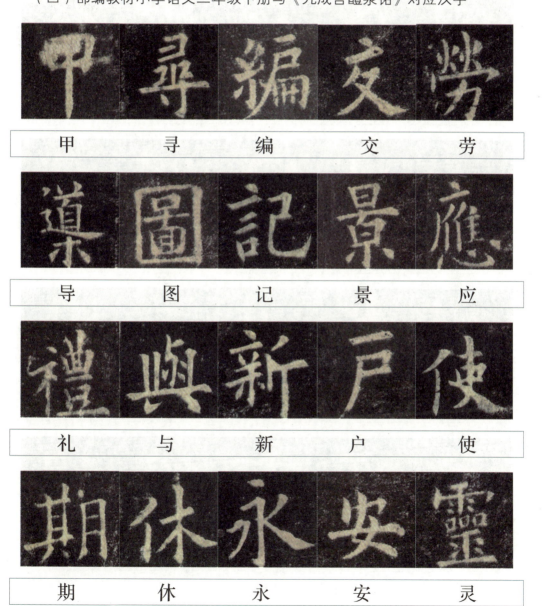

甲	寻	编	交	劳
导	图	记	景	应
礼	与	新	户	使
期	休	永	安	灵

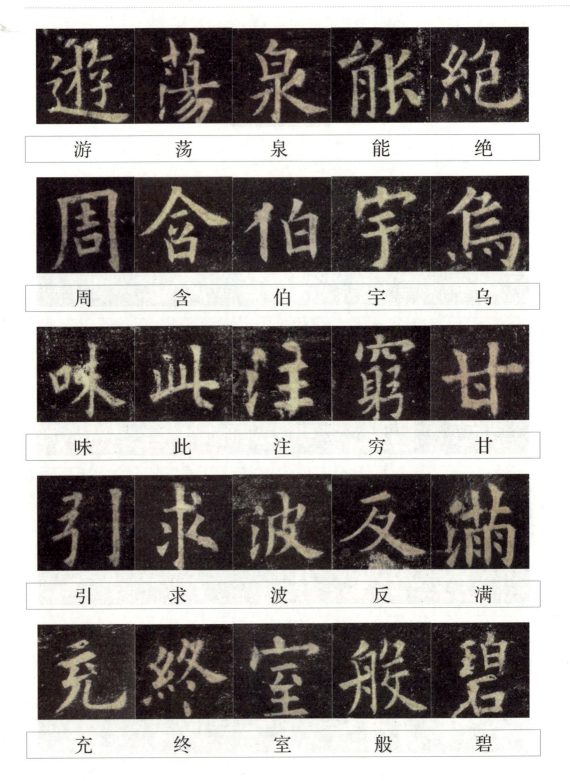

游	荡	泉	能	绝
周	含	伯	宇	乌
味	此	注	穷	甘
引	求	波	反	满
充	终	室	般	碧

夫	功	针	垂	州

觉	精	炎	类

（五）部编教材小学语文三年级上册与《九成宫醴泉铭》对应汉字

粉	闻	饮	岩	惜

泥	男	登	盖	者

察	宝	庭	列	显

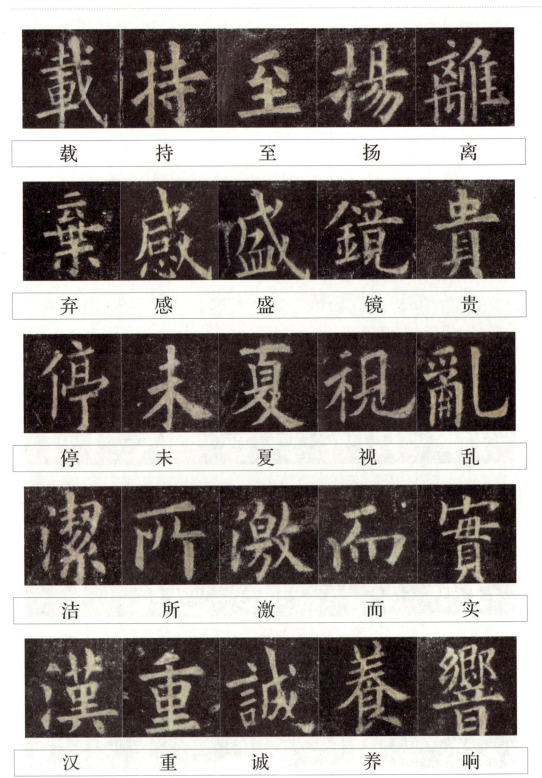

载	持	至	扬	离
弃	感	盛	镜	贵
停	未	夏	视	乱
洁	所	激	而	实
汉	重	诚	养	响

| 乎 | 接 | 肯 | 流 | 轮 |

| 壁 | 谷 | 则 | 沙 |

（六）部编教材小学语文三年级下册与《九成宫醴泉铭》对应汉字

| 若 | 县 | 冰 | 耕 | 赏 |

| 代 | 随 | 建 | 必 | 参 |

| 保 | 官 | 弱 | 录 | 越 |

架	欲	寿	昆	克
历	映	史	谦	蹈
欧	宁	莫	虽	呈
性	何	润	取	廊
崇	致	跨	形	旧

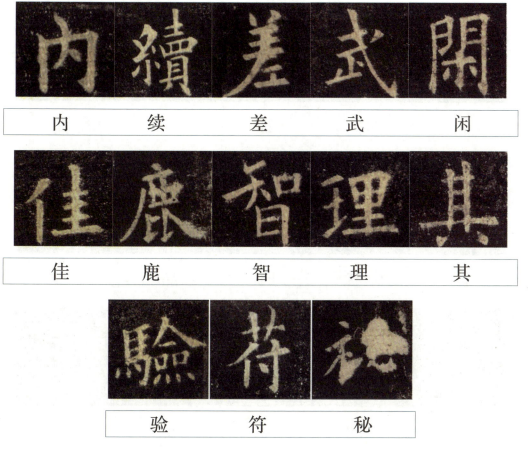

内	续	差	武	闲

佳	鹿	智	理	其

验	符	秘

（七）部编教材小学语文四年级上册与《九成宫醴泉铭》对应汉字

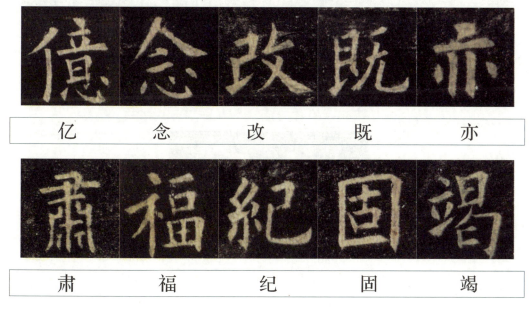

亿	念	改	既	亦

肃	福	纪	固	竭

阁　　抗　　训　　怀　　尤

徒　　犹　　日　　品　　唯

质　　词　　甚　　效　　握

亏　　魏　　善　　降　　帝

临　　良

（八）部编教材小学语文四年级下册与《九成宫醴泉铭》对应汉字

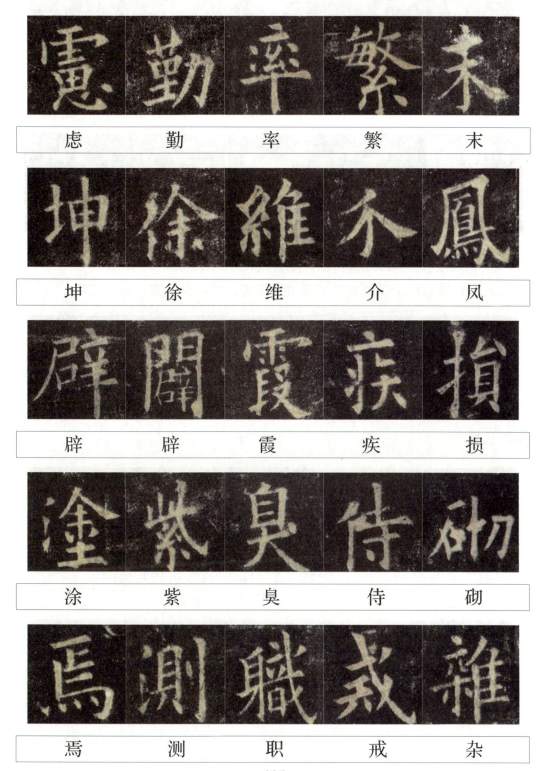

虑	勤	率	繁	末
坤	徐	维	介	凤
辟	辟	霞	疾	损
涂	紫	臭	侍	砌
焉	测	职	戒	杂

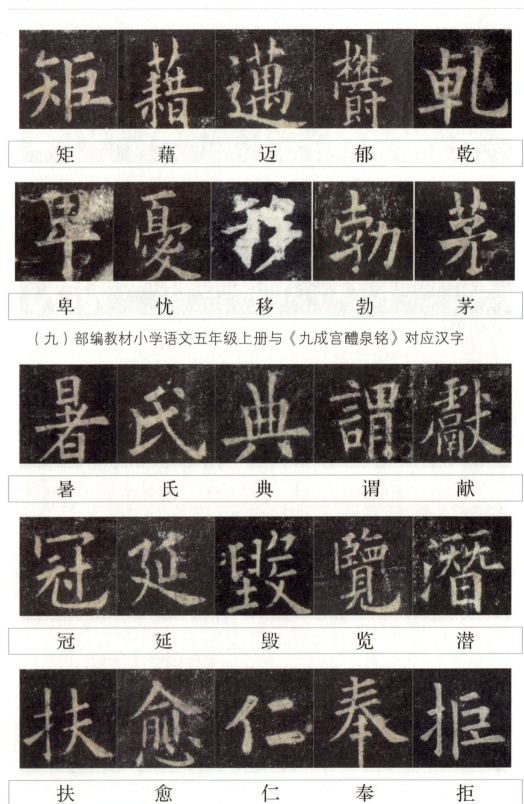

矩	藉	迈	郁	乾
卑	忧	移	勃	茅

（九）部编教材小学语文五年级上册与《九成宫醴泉铭》对应汉字

暑	氏	典	谓	献
冠	延	毁	览	潜
扶	愈	仁	奉	拒

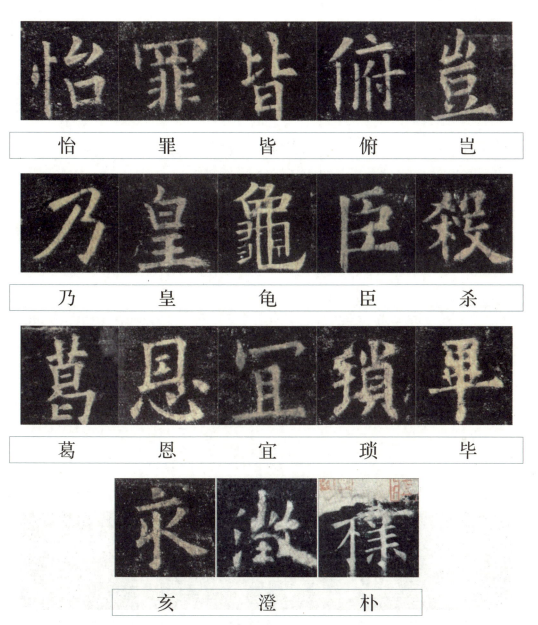

怡	罪	皆	俯	岂
乃	皇	龟	臣	杀
葛	恩	宜	琐	毕

亥	澄	朴

（十）部编教材小学语文五年级下册与《九成宫醴泉铭》对应汉字

承	享	庆	圣	监

| 祥 | 秽 | 瑞 | 匪 | 龄 |

| 遗 | 仪 | 伽 | 坠 | 斯 |

| 泽 |

（十一）部编教材小学语文六年级上册与《九成宫醴泉铭》对应汉字

| 莹 | 睹 | 渠 | 涌 | 凝 |

| 涧 | 萍 | 纯 | 微 | 悦 |

案	颡	尚	陈	德

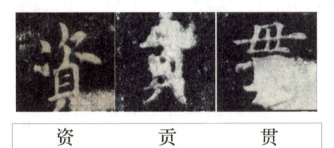

资	贡	贯

（十二）部编教材小学语文六年级下册与《九成宫醴泉铭》对应汉字

惧	纬	弗	腊	刑

袭	凿	泰	蒸	避

宫	乏	凄

四、部编教材小学语文 12 册与《九成宫醴泉铭》对应简、繁字

部编教材小学语文 12 册与《九成宫醴泉铭》对应简、繁字如表 1-2 所示。

表 1-2　部编教材小学语文 12 册与《九成宫醴泉铭》对应简、繁字表

年级	册	《九成宫醴泉铭》对应汉字数量（个）	简体字	数量（个）	繁体字	数量（个）
一	上	53	一、二、三、上、日、田、山、十、子、人、大、月、可、西、天、四、是、水、去、不、本、土、力、心、中、五、立、正、在、我、下、雨、有、同、己、又、和、用、石、出、工、明	42	雲（云）、東（东）、開（开）、書（书）、長（长）、從（从）、學（学）、迴（回）、來（来）、後（后）、幾（几）	11
	下	65	王、方、青、清、生、右、以、北、太、校、金、也、地、居、玩、思、前、光、色、分、千、成、池、夕、足、身、之、相、玉、加、文、元、百、非、常、家、象、京、因、高、房、美、往、凉	44	風（风）、雙（双）、國（国）、氣（气）、請（请）、時（时）、動（动）、萬（万）、陽（阳）、爲（为）、樂（乐）、當（当）、運（运）、聲（声）、體（体）、遠（远）、無（无）、機（机）、臺（台）、經（经）、還（还）	21
二	上	61	海、作、如、更、知、群、深、六、九、然、及、信、今、珠、事、沉、黄、照、南、每、名、城、利、井、言、道、士、忘、度、令、敢、屋、食、物、神、始、公、但、得、年、起、步、于、并	44	變（变）、極（极）、壞（坏）、帶（带）、筆（笔）、閉（闭）、勝（胜）、麗（丽）、華（华）、觀（观）、謝（谢）、產（产）、師（师）、龍（龙）、陰（阴）、將（将）、壯（壮）	17

年级	册	《九成宫醴泉铭》对应汉字数量（个）	简体字	数量（个）	繁体字	数量（个）
三	下	54	碧、引、注、休、能、味、甘、波、景、求、州、甲、般、精、周、充、使、交、伯、垂、永、宇、室、安、夫、期、泉、功、反、炎、新、含、此、户、游	35	尋（寻）、蕩（荡）、禮（礼）、靈（灵）、記（记）、圖（图）、窮（穷）、絕（绝）、烏（乌）、針（针）、導（导）、應（应）、編（编）、覺（觉）、類（类）、勞（劳）、與（与）、滿（满）、終（终）	19
	上	49	列、谷、接、沙、盛、而、察、至、未、夏、感、激、重、乎、庭、登、持、粉、男、者、惜、所、流、停、泥、壁、肯、岩	28	漢（汉）、揚（扬）、則（则）、亂（乱）、聞（闻）、離（离）、響（响）、飲（饮）、鏡（镜）、寶（宝）、貴（贵）、載（载）、實（实）、視（视）、顯（显）、棄（弃）、輪（轮）、養（养）、誠（诚）、潔（洁）、蓋（盖）	21
	下	53	崇、形、蹈、耕、其、弱、代、鹿、符、欲、何、佳、保、史、智、内、昆、建、冰、克、秘、理、差、廊、呈、官、必、武、性、莫、架、致、跨、若、越、取、映	37	謙（谦）、賞（赏）、舊（旧）、驗（验）、歐（欧）、縣（县）、壽（寿）、閑（闲）、續（续）、雖（虽）、潤（润）、寧（宁）、參（参）、歷（历）、錄（录）、隨（随）	16
四	上	32	善、降、固、良、竭、帝、曰、既、福、握、改、尤、品、亦、效、唯、魏、抗、甚、念、徒	21	猶（犹）、紀（纪）、億（亿）、質（质）、閣（阁）、臨（临）、虧（亏）、詞（词）、懷（怀）、訓（训）、蕭（肃）	11

续表

年级	册	《九成宫醴泉铭》对应汉字数量（个）	简体字	数量（个）	繁体字	数量（个）
五	下	34	徐、茅、率、藉、末、臭、疾、繁、霞、勃、侍、移、坤、卑、矩、紫、焉、介、砌、乾、勤、辟、戒	23	雜（杂）、鳳（凤）、測（测）、憂（忧）、慮（虑）、職（职）、鬱（郁）、邁（迈）、維（维）、損（损）、塗（涂）	11
五	上	33	宜、臣、典、罪、冠、俯、延、扶、乃、亥、皇、奉、氏、仁、暑、愈、怡、皆、葛、恩、拒、毁、澄	23	獻（献）、潛（潜）、覽（览）、殺（杀）、龜（龟）、畢（毕）、謂（谓）、豈（岂）、瑣（琐）、樸（朴）	10
五	下	16	承、仞、匪、祥、瑞、斯、享	7	墜（坠）、遺（遗）、慶（庆）、齡（龄）、澤（泽）、監（监）、聖（圣）、儀（仪）、穢（秽）	9
六	上	18	渠、尚、涌、案、凝、微、萍、德、悦	9	陳（陈）、貫（贯）、澗（涧）、頹（颓）、瑩（莹）、資（资）、貢（贡）、覩（睹）、純（纯）	9
六	下	13	宫、乏、蒸、避、刑、泰、弗、凄	8	襲（袭）、鑿（凿）、緯（纬）、懼（惧）、臘（腊）	5
合计	12册	481		321		160

五、部编教材小学语文 12 册与《九成宫醴泉铭》对应汉字结构

部编教材小学语文 12 册与《九成宫醴泉铭》对应汉字结构如表 1-3 所示。

表 1-3 部编教材小学语文 12 册与《九成宫醴泉铭》对应汉字结构

年级	册	独体字（102个）	上下结构（138个）	左右结构（187个）	半包围结构（44个）	全包围结构（5个）	上中下结构（5个）
一	上	一、二、三、上、日、田、云、山、十、子、人、大、月、东、西、天、四、开、水、来、不、书、本、土、力、心、中、五、立、正、我、长、下、雨、己、又、用、几、石、出、工	是、学、去	从、明、和	可、在、后、有、同	回	
	下	王、方、气、生、万、太、为、也、乐、千、成、夕、身、之、玉、无、文、元、百、象	青、金、当、思、前、光、色、分、足、声、台、美、常、家	双、清、请、时、动、以、北、阳、校、地、玩、池、凉、体、相、机、加、经、非、往	风、右、居、运、远、还、房	国、因	京、高
二	上	更、九、年、及、事、井、言、士、龙、于、产、六	变、然、并、今、笔、照、南、每、名、丽、华、忘、令、步、公、食	极、海、作、坏、如、知、群、壮、深、信、珠、沉、胜、城、利、观、将、师、敢、阴、物、神、始、但、得、谢	闭、起、道、度、屋		黄、带
	下	甘、求、州、甲、与、乌、垂、户、永、夫	碧、寻、荡、劳、景、灵、充、交、穷、含、导、宇、室、安、泉、觉、类、炎	礼、引、注、满、休、能、味、波、般、精、记、使、伯、绝、针、终、期、编、功、此、新、游	周、应、反	图	
三	上	而、未、重、乎	盖、离、谷、壁、盛、察、至、岩、宝、贵、夏、实、显、感、登、弃、养、男、者、肯	汉、停、所、扬、泥、列、则、乱、接、流、沙、响、饮、镜、洁、视、持、轮、粉、惜、诚、激	闻、载、庭		

续表

年级	册	独体字 （102个）	上下结构 （138个）	左右结构 （187个）	半包围结构 （44个）	全包围 结构 （5个）	上中下 结构 （5个）
	下	其、史、内、必	崇、赏、符、录、县、智、昆、克、虽、若、呈、宁、官、参、莫、架	形、随、蹈、耕、谦、弱、代、映、致、旧、欲、何、佳、保、验、欧、跨、冰、续、秘、理、润、性、取	鹿、历、寿、建、闲、差、廊、越、武		
四	上	曰、尤、肃、亦	善、良、帝、甚、念、亏、品	犹、纪、亿、降、临、竭、抗、既、福、握、改、词、怀、效、训、唯、魏、徒	质、阁	固	
	下	末	杂、茅、藉、臭、繁、霞、紫、焉、卑、介	徐、辟、涂、忧、职、勃、侍、郁、移、乾、坤、勤、维、矩、损、测、砌	凤、疾、戒、迈、虑		率
五	上	臣、乃、亥、氏	宜、恩、典、罪、冠、皇、览、奉、杀、龟、毕、暑、愈、岂、皆、葛	澄、献、拒、俯、扶、潜、毁、仁、怡、谓、琐、朴	延		
	下	承	坠、监、圣、享	仞、龄、祥、泽、瑞、斯、仪、秽	匪、遗、庆		
六	上		案、贯、渠、尚、莹、资、贡、萍	陈、德、润、悦、颓、涌、睹、纯、微、凝			
	下	弗	宫、乏、袭、蒸、凿、泰	腊、惧、凄、刑、纬	避		

第二章 柳体

第一节 柳公权简介

柳公权（778—865年），字诚悬，汉族，京兆华原（今陕西省铜川市耀州区）人，唐朝中期书法家、诗人。他历仕七朝，早年曾任秘书省校书郎，并入李听幕府，后官至太子太保，封河东郡公，并以太子太保致仕，故世称"柳少师"。唐咸通六年（865年），柳公权去世，被追赠太子太师。

柳公权以楷书见长，他初学王羲之，后来遍观唐代名家书法，吸取了颜真卿、欧阳询之长，自创"柳体"。其楷书骨力遒健，结构劲紧，后世有"颜筋柳骨"的美誉。其传世碑刻有《金刚经》《玄秘塔碑》《神策军碑》等，行书、草书有《伏审帖》《十六日帖》等，另有墨迹《蒙诏帖》《送梨帖题跋》传世。柳公权亦工诗，《全唐诗》存其诗5首，《全唐诗外编》存其诗1首。

一、人物生平

（一）少有才学

唐大历十三年（778年），柳公权出生。他从小就喜欢学习，12岁就能作辞赋。

唐元和三年（808年），柳公权进士及第，初仕为秘书省校书郎。李听镇守夏州时，柳公权入其幕府，任掌书记。

唐元和十五年（820年），唐宪宗暴死，唐穆宗李恒即位。当时，柳公权进京回奏政事，唐穆宗召见了他，并任他为右拾遗，补翰林学士，后又将其升为右补阙、司封员外郎。

柳公权在唐穆宗、唐敬宗、唐文宗三朝时，都在宫中担任侍书之职。他的哥哥柳公绰在太原任职时写信给宰相李宗闵说："我的弟弟苦心钻研文章书法，先朝只任他为侍书，这种职务和占卜小吏没有什么区别，我也以此为耻，请给他调换一个闲散职位。"于是，柳公权升任尚书右司郎中，又转为司封郎中、兵部郎中、弘文馆学士。后来，唐文宗又召他为侍书，升任谏议大夫，不久又改为中书舍人，充任翰林书诏学士。

（二）劝谏唐文宗

唐开成三年（838年），柳公权经调转任工部侍郎，但不过是备员而已。唐文宗曾召他问事，问他："外边有什么议论？"柳公权说："自郭旼被任为邠宁节度使，人们便议论纷纷，有的说好，有的说不好。"唐文宗说："郭旼是尚父（郭子仪）的侄子、太皇太后（懿安皇后）的叔父，在职也没有过错，从金吾大将升任小小的邠宁节度使，还议论什么呢？"柳公权说："凭郭旼的功绩和品德，他被任命为节度使是合适的。人们议论的原因，据说是郭旼把两个女儿献入宫中，因此才升官，这是真的吗？"唐文宗说："他的两个女儿进宫是来看望太后的，并不是他进献女儿。"柳公权说："常言说，瓜田不纳履，李下不整冠，若没有嫌疑，为什么这事嚷得家喻户晓？"他还举出王珪劝唐太宗送卢江王妃出宫的事例来说明利害，唐文宗当即派内使张日华把二女送回郭旼家。

（三）晚年仕途

唐开成五年（840年），唐文宗驾崩，唐武宗李炎即位。唐武宗即位后罢去柳公权内府学士的官职，任命其为右散骑常侍。宰相崔珙举荐柳公权为集贤殿学士、判院事。另一宰相李德裕本来对柳公权不错，但当柳公权被崔珙举荐时，他很不高兴，便将柳公权降为太子詹事，改为太子宾客。经屡次迁官，柳公权任金紫光禄大夫、上柱国，封河东郡公，食邑 2 000 户，又任左常侍、国子祭酒，还历任工部尚书。

唐大中元年（847年），柳公权转任太子少师。

唐大中十二年（858年）正月初一，唐宣宗举行朝会，柳公权在群臣之首向唐宣宗称颂祝贺，却将唐宣宗的尊号"圣敬文思和武光孝皇帝"误称为"圣敬文思光武和孝皇帝"，因此被御史弹劾。

唐咸通元年（860年），柳公权以太子太保之职致仕。

唐咸通六年（865年），柳公权去世，被追赠太子太师。

二、书法成就

柳公权是楷书的总结者和创新者，他在研究和继承钟繇、王羲之等人的楷书风格的基础上，学习颜真卿的书法，创立了独树一帜的"柳体"楷书，成为"唐书尚法"的突出代表之一。

柳公权的字点画爽利挺秀，骨力遒健，结体劲紧。与"颜体"相比，他的楷书稍均匀瘦硬，故有"颜筋柳骨"之称。

唐元和年间以后，柳公权声誉渐高。唐宣宗尤为珍爱柳公权的墨宝，曾召柳公权到殿前，由军容使西门季玄捧着砚台，枢密使崔巨源拿着笔，让柳公权用楷书在一张纸上写了"卫夫人传笔法于王右军"10字，用行书在一张纸上写了"永禅寺真草千字文得家法"11字,用草书在一张纸上写了"谓语助者焉哉乎也"8字。唐宣宗还让他自写谢状,不拘楷书、草书。当时,公卿大臣家为先人立碑如果得不到柳公权亲笔所书的碑文,便会被认为是不孝。而且,柳公权声誉远播海外,当时的很多人会专门准备钱财来购买柳公权的书法。

今人学书入门,依然首选唐代颜真卿、柳公权、欧阳询等书法家的作品,特别是柳公权建立的一整套楷书规范在今天仍被人们遵从和学习。

总之,柳公权在书法艺术的改革和发展中做出了突出的贡献,促进了唐代书法的发展,也为楷书的发展奠定了基础。

三、个人作品

（一）文学作品

柳公权工诗,有出口成章之才。《全唐诗》存其诗5首,《全唐诗外编》存其诗1首,《全唐文》《唐文拾遗》亦有收录其作品。

（二）书法作品

1. 碑刻代表作

《金刚经》《李晟碑》《大唐回元观钟楼铭》《冯宿碑》《玄秘塔碑》《神策军碑》《刘沔碑》《原道碑》《魏公先庙碑》《高元裕碑》《复东林寺碑》等。

2. 行书、草书代表作

《伏审帖》《十六日帖》等。

四、人物评价

家弟苦心辞艺。

——《旧唐书·柳公权传》

善法书者,各得右军之一体……柳公权得其骨而失于生犷。

——李煜《书评》

柳公权得其劲,故如辕门列兵,森然环卫。

——岑宗旦《岑氏书评》

柳少师书本出于颜,而能自出新意。

——苏轼《书唐氏六家书后》

柳诚悬书,极力变右军法,盖不欲与《禊帖》面目相似。所谓神奇化为臭腐,故离之耳。凡人学书，以姿态取媚，鲜能解此。余于虞、褚、颜、欧，皆曾仿佛十一，自学柳诚悬，方悟用笔古淡处。自今以往，不得舍柳法而趋右军也。

——董其昌《画禅室随笔》

诚悬则欧之变格者。

——康有为《广艺舟双楫》

五、轶事典故

（一）写诗助人

唐武宗曾长时间对一名宫中女官生气，他对柳公权说："朕对这个人很不满意，如果能得到学士的一篇作品，朕就不怪罪她了。"柳公权不假思索，立即写出一首绝句："不分前时忤主恩，已甘寂寞守长门。今朝却得君王顾，重入椒房拭泪痕。"（《应制为宫嫔咏》）唐武宗非常高兴，赏赐给柳公权 200 匹锦缎，并命该女官向他拜谢。

（二）以笔为谏

唐穆宗荒淫，他曾问柳公权怎样用笔才能尽善尽美，柳公权回答："用笔的方法全在于用心，心正则笔法自然尽善尽美。"唐穆宗为之改容，明白柳公权是借用笔法进行劝谏。宋代苏轼在《柳氏二外甥求笔迹》中曾说："何当火急传家法，欲见诚悬笔谏时。"

（三）三步之才

唐文宗曾召柳公权同去未央宫花园游玩，并对柳公权说："有一件使我高兴的事，过去赐给边兵的服装常常不能及时发下，现在二月里就把春衣发放完毕。"柳公权上前祝贺，唐文宗说："只是祝贺一下，还不能把你的心意表达清楚，你应作首诗向我祝贺。"于是，柳公权不慌不忙，三步之内，应声成诗："去岁虽无战，今年未得归。皇恩何以报，春日得春衣。挟纩非真纩，分衣是假衣。从今貔武士，不惮戍金微。"（《应制贺边军支春衣》）唐文宗高兴地说："曹子建七步吟诗，你竟只需三步。"

六、致力学术

柳公权精于《左传》《国语》《尚书》《庄子》等，每讲说一词一义，常写满好几张纸。

七、墓葬纪念

柳公权墓在陕西省铜川市耀州区阿子乡让义村北约 1 千米处,为圜丘状。柳公绰墓在东,柳公权墓在西,相距 46 米。墓前各立石碑 1 座。一碑上款楷书"赐进士及第兵部侍郎兼副都御史陕西巡抚毕沅书",中行隶书大字"唐兵部尚书柳公公绰墓",下款楷书"大清乾隆岁次丙申孟秋知耀州事张凤鸣立石";另一碑上、下款与前碑相同,中行隶书大字"唐太子太师河东郡王柳公公权墓"。两碑距墓丘均 5 米。1956 年,柳公权墓被公布为省级文物保护单位。1990 年,陕西省文物事业管理局批准成立柳公权墓文管所。

第二节　《玄秘塔碑》简介

《玄秘塔碑》(图 2-1)又称《唐故左街僧录大达法师碑铭》,于唐会昌元年(841年)立,由裴休撰文、柳公权书丹而成,为楷书作品,现保存于西安碑林博物馆。

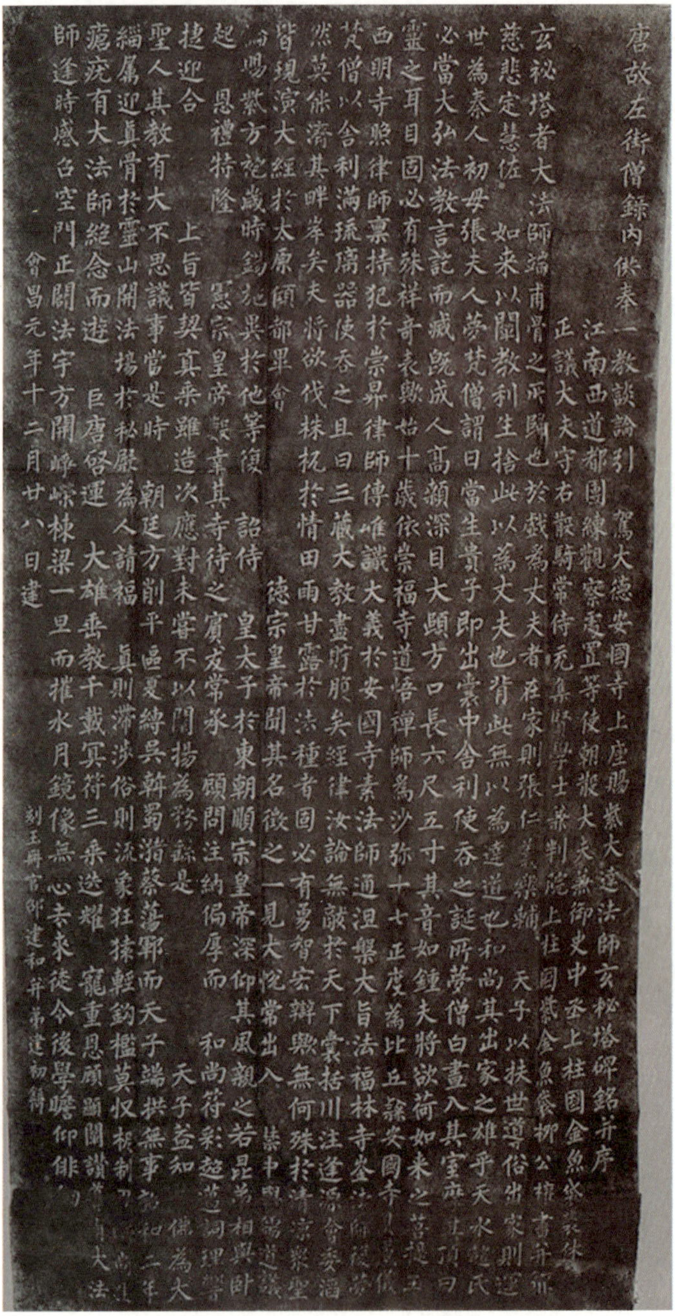

图 2-1 《玄秘塔碑》

《玄秘塔碑》共 28 行，每行 54 个字，通高 386 厘米，宽 120 厘米，记述了大达法师在唐德宗、唐顺宗、唐宪宗三朝所受恩遇，以记录大达法师之事迹而告示后人。

其结体紧密，笔法锐利，筋骨外露，字迹如刀刻一般，且笔画粗细不一（图 2-2 ）。

图 2-2 《玄秘塔碑》局部

《玄秘塔碑》为柳公权书法创作生涯中的一座里程碑，标志着"柳体"的完全成熟，历来被作为初学书法者的学习范本，对后世影响深远。

第三节 部编教材小学语文 12 册与《玄秘塔碑》对应汉字

一、部编教材小学语文 12 册与《玄秘塔碑》对应汉字表

部编教材小学语文 12 册与《玄秘塔碑》对应汉字如表 2-1 所示。

表 2-1　部编教材小学语文 12 册与《玄秘塔碑》对应汉字表

年级	册	课本生字数量（个）	《玄秘塔碑》对应汉字数量（个）	比例	《玄秘塔碑》对应汉字
一	上	100	57	57.00%	一、二、三、上、口、目、耳、日、田、山、八、十、子、人、大、月、可、东、西、天、四、是、开、水、去、来、不、书、刀、尺、林、土、心、中、五、正、在、后、我、长、比、下、雨、问、有、从、明、同、学、自、白、和、用、出、见、对、工
	下	200	67	33.50%	风、人、国、王、方、清、情、请、生、左、右、时、万、主、没、以、会、门、种、太、金、为、他、也、地、乐、当、音、讲、行、思、床、前、光、真、分、高、千、成、迷、造、运、凉、夕、香、足、声、之、相、玉、义、无、台、次、平、钟、元、已、经、百、常、空、奇、七、家、象、都
二	上	250	59	23.60%	就、顶、极、海、作、法、如、知、识、深、处、六、友、归、年、岁、然、报、并、今、圆、珠、灯、先、事、依、尽、照、川、南、部、巨、升、名、现、起、收、利、观、将、言、道、业、师、度、向、令、惊、于、论、岸、轻、神、始、第、公、张、得、场
	下	250	55	22.00%	荡、原、礼、注、满、休、息、背、能、具、甘、像、舍、族、街、骨、与、彩、梦、灵、弟、教、游、戏、母、合、净、幸、使、座、愿、刻、穷、荷、绝、吴、垂、迎、指、导、特、宇、容、室、安、最、定、夫、破、应、世、功、复、觉、此

续表

年级	册	课本生字数量（个）	《玄秘塔碑》对应汉字数量（个）	比例	《玄秘塔碑》对应汉字
三	上	250	56	22.40%	静、狂、所、扬、霜、刘、盖、残、君、则、闻、离、等、接、命、流、备、亲、沙、响、吞、盛、而、趣、喜、断、至、初、镜、未、浅、数、厚、宝、贵、遍、载、夏、严、显、妙、演、感、器、朝、露、重、乎、众、持、掌、勇、粒、或、者、诚
	下	250	47	18.80%	崇、佛、随、守、株、待、其、尘、致、传、叹、符、欲、何、异、录、册、约、赵、且、智、慧、内、寿、昆、修、建、括、提、克、秘、密、浪、表、理、虽、若、诱、乘、通、官、参、必、威、务、莫、偏
四	上	250	37	14.80%	犹、余、俗、璃、达、即、驾、纪、超、益、善、顺、均、固、卧、寸、宗、帝、曰、悲、既、福、念、兵、豪、秦、词、亦、雄、赞、效、凡、顾、尝、诸、唯、徒
	下	250	28	11.20%	饰、绘、辟、纳、灭、虑、戒、侍、捷、供、紫、肩、端、源、迈、劫、敌、囊、逢、腹、禁、恩、播、慕、茶、召、议、袍
五	上	220	25	11.36%	属、赤、扶、辈、哀、皇、拱、唐、奉、氏、区、仁、辞、竟、启、毕、暑、愁、寺、畔、律、塔、谓、皆、臣
	下	180	17	9.44%	昼、承、委、摩、遗、施、慈、祥、殊、圣、犯、航、钩、尼、仪、尊、梁
六	上	180	12	6.67%	德、竜、悦、制、坦、隆、悟、雕、尚、倾、缚、削
	下	120	12	10.00%	旦、腊、素、惧、袭、藏、刑、迁、矣、辩、诞、授
合计	12 册	2 500	472	18.88%	

二、部编教材小学语文 12 册与《玄秘塔碑》对应汉字图

（一）部编教材小学语文一年级上册与《玄秘塔牌》对应汉字

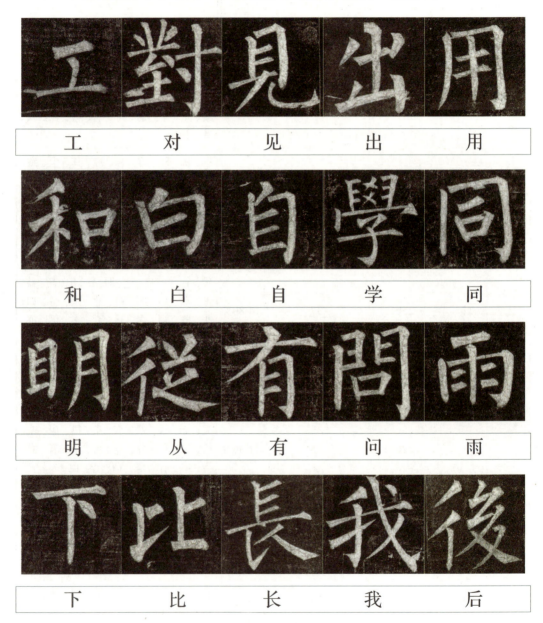

工	对	见	出	用
和	白	自	学	同
明	从	有	问	雨
下	比	长	我	后

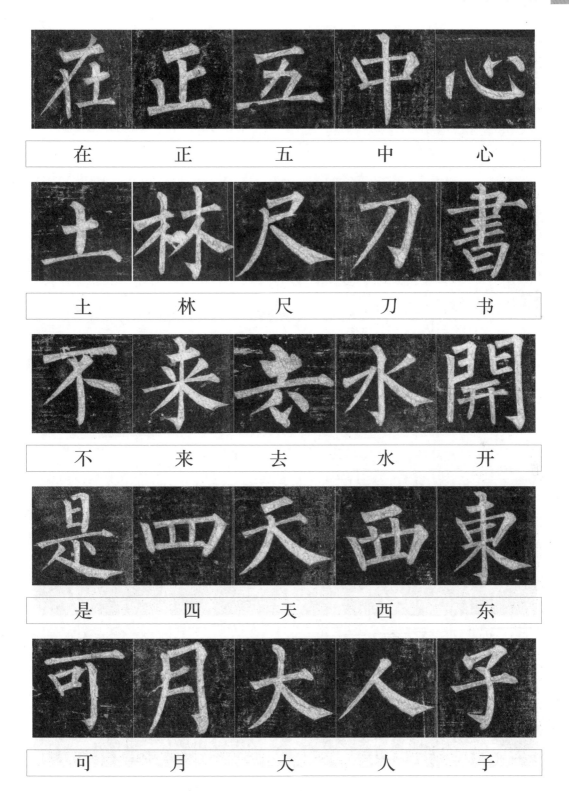

在	正	五	中	心
土	林	尺	刀	书
不	来	去	水	开
是	四	天	西	东
可	月	大	人	子

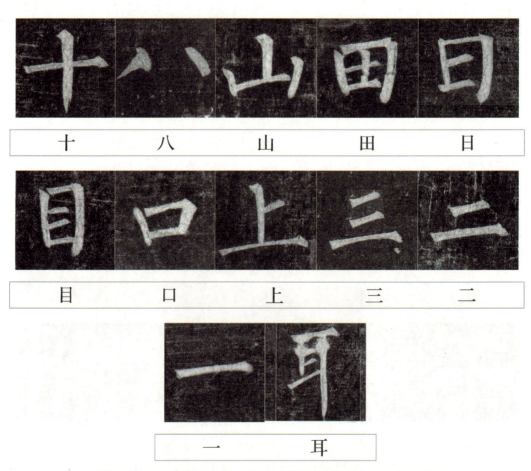

十	八	山	田	日

目	口	上	三	二

一	耳

（二）部编教材小学语文一年级下册与《玄秘塔碑》对应汉字

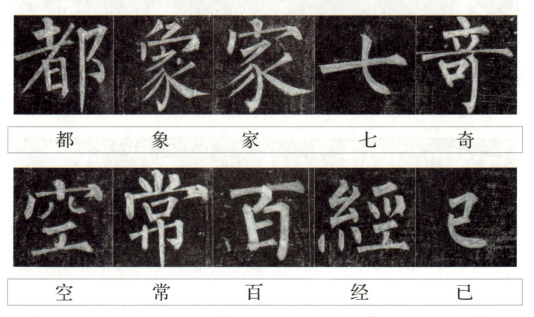

都	象	家	七	奇

空	常	百	经	已

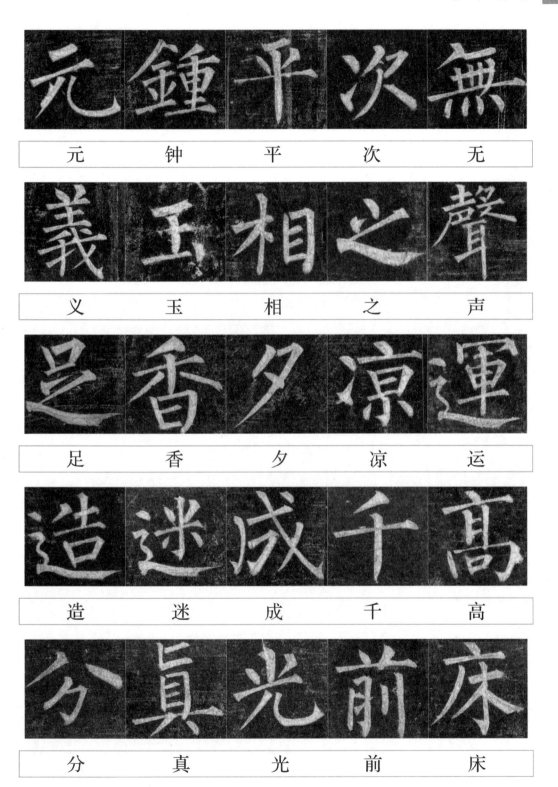

元	钟	平	次	无
义	玉	相	之	声
足	香	夕	凉	运
造	迷	成	千	高
分	真	光	前	床

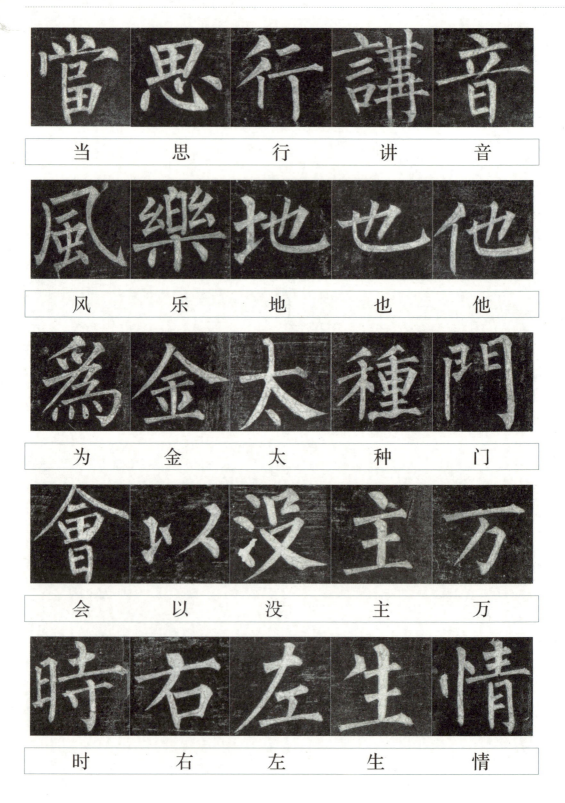

当　　思　　行　　讲　　音

风　　乐　　地　　也　　他

为　　金　　太　　种　　门

会　　以　　没　　主　　万

时　　右　　左　　生　　情

请	清	方	王	国

入	台

（三）部编教材小学语文二年级上册与《玄秘塔碑》对应汉字

法	作	顶	极	就

场	得	张	公	第

始	神	轻	岸	论

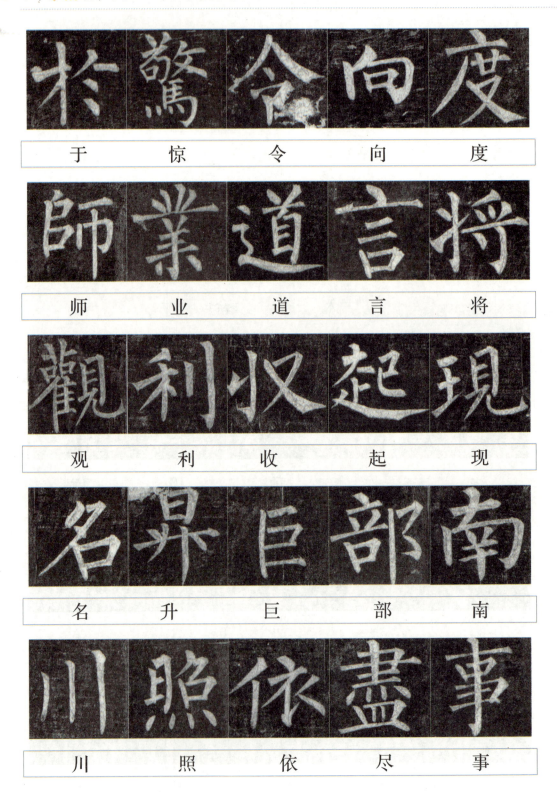

于　惊　令　向　度

师　业　道　言　将

观　利　收　起　现

名　升　巨　部　南

川　照　依　尽　事

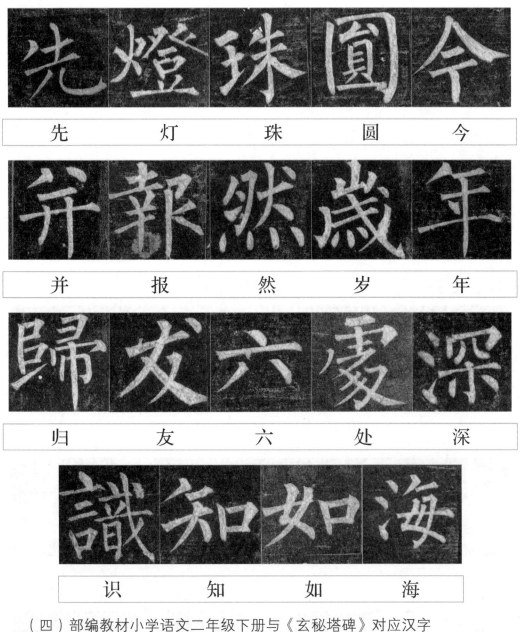

先	灯	珠	圆	今
并	报	然	岁	年
归	友	六	处	深
识	知	如	海	

（四）部编教材小学语文二年级下册与《玄秘塔碑》对应汉字

背	息	休	满	注

礼	原	荡	此	觉
复	功	世	应	破
夫	定	最	安	室
容	宇	特	导	指
迎	垂	吴	绝	荷

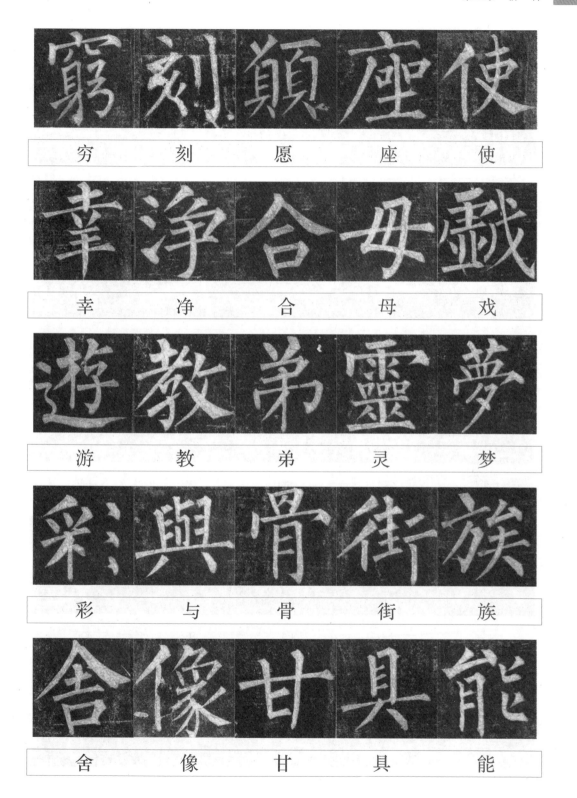

窮	刻	願	座	使
穷	刻	愿	座	使

幸	净	合	母	戲
幸	净	合	母	戏

遊	教	弟	靈	夢
游	教	弟	灵	梦

彩	與	骨	街	族
彩	与	骨	街	族

舍	像	甘	具	能
舍	像	甘	具	能

（五）部编教材小学语文三年级上册与《玄秘塔碑》对应汉字

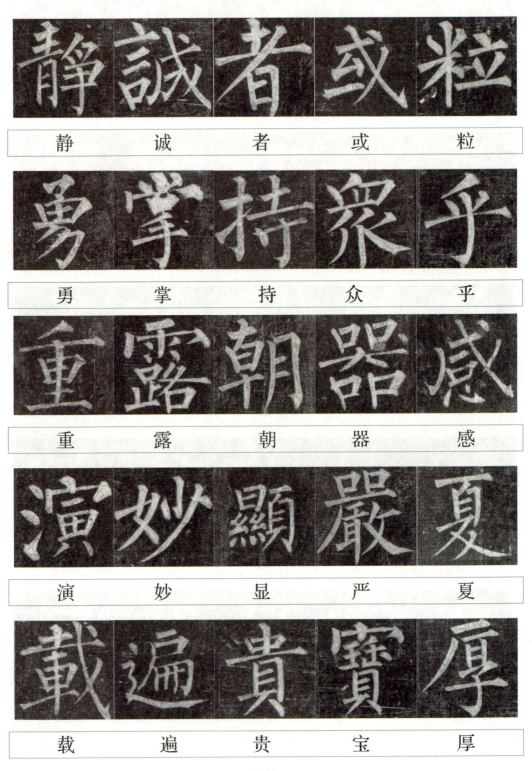

静	诚	者	或	粒
勇	掌	持	众	乎
重	露	朝	器	感
演	妙	显	严	夏
载	遍	贵	宝	厚

数	浅	未	镜	初
至	断	喜	趣	而
盛	吞	响	沙	亲
备	流	命	接	等
离	闻	则	君	残

| 盖 | 刘 | 霜 | 扬 | 所 |

| 狂 |

（六）部编教材小学语文三年级下册与《玄秘塔碑》对应汉字

| 偏 | 莫 | 务 | 威 | 必 |

| 参 | 官 | 通 | 乘 | 诱 |

| 若 | 虽 | 理 | 表 | 浪 |

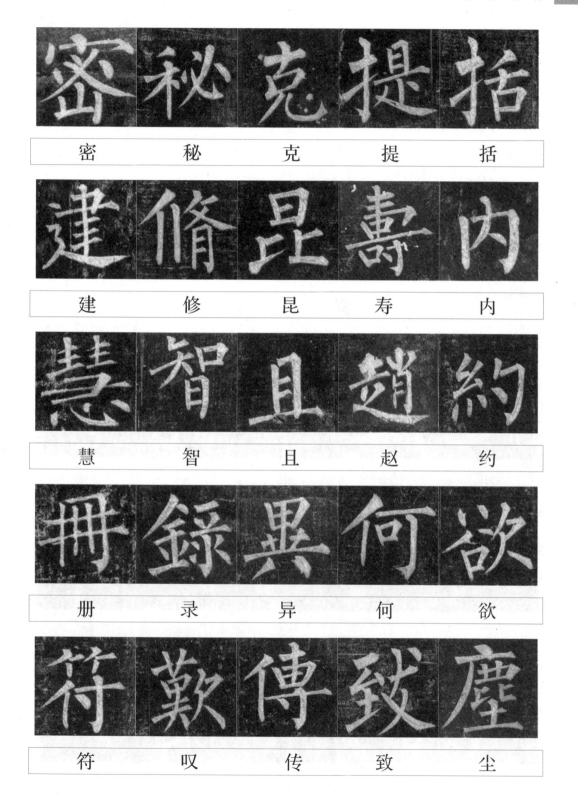

密	秘	克	提	括
建	修	昆	寿	内
慧	智	且	赵	约
册	录	异	何	欲
符	叹	传	致	尘

其	待	株	守	随

佛	崇

（七）部编教材小学语文四年级上册与《玄秘塔碑》对应汉字

徒	徒	唯	诸	尝

顾	凡	效	赞	雄

亦	词	秦	豪	兵

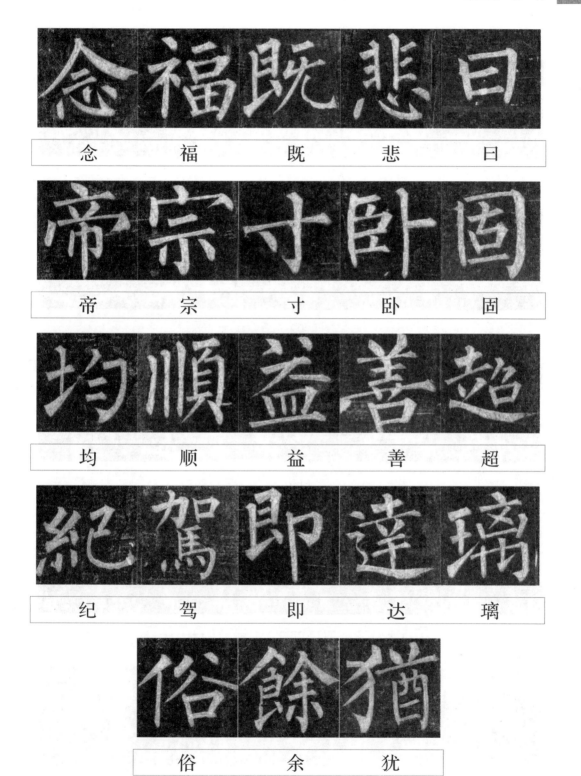

念　福　既　悲　曰

帝　宗　寸　卧　固

均　顺　益　善　超

纪　驾　即　达　璃

俗　余　犹

（八）部编教材小学语文四年级下册与《玄秘塔碑》对应汉字

袍	议	召	茶	慕
播	恩	禁	腹	逢
囊	敌	劫	迈	源
端	肩	紫	待	戒
虑	灭	纳	辟	绘

饰	捷	供

（九）部编教材小学语文五年级上册与《玄秘塔碑》对应汉字

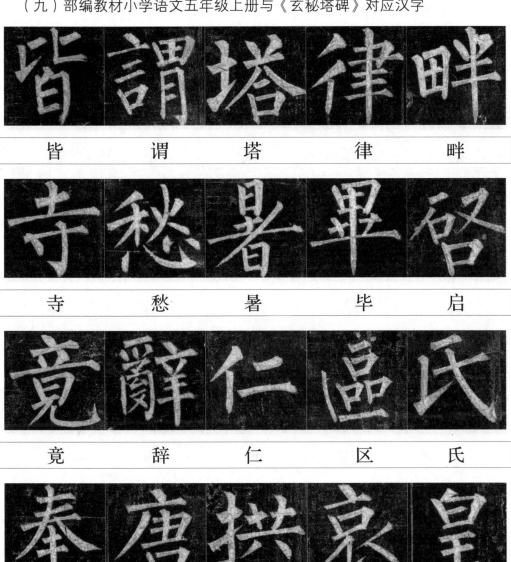

皆	谓	塔	律	畔
寺	愁	暑	毕	启
竟	辞	仁	区	氏
奉	唐	拱	哀	皇

| 辈 | 扶 | 赤 | 属 | 臣 |

（十）部编教材小学语文五年级下册与《玄秘塔碑》对应汉字

| 梁 | 尊 | 仪 | 尼 | 钩 |

| 航 | 犯 | 圣 | 殊 | 祥 |

| 慈 | 施 | 摩 | 委 | 承 |

昼	遗

（十一）部编教材小学语文六年级上册与《玄秘塔碑》对应汉字

削	缚	倾	尚	雕

悟	隆	坦	制	悦

雹	德

（十二）部编教材小学语文六年级下册与《玄秘塔碑》对应汉字

腊	旦	素	惧	藏

| 刑 | 迁 | 矣 | 辩 | 诞 |

| 授 | 袭 |

三、部编教材小学语文 12 册与《玄秘塔碑》对应简、繁字

部编教材小学语文 12 册与《玄秘塔碑》对应简、繁字如表 2-2 所示。

表 2-2　部编教材小学语文 12 册与《玄秘塔碑》对应简、繁字表

年级	册	《玄秘塔碑》对应汉字数量（个）	简体字	数量（个）	繁体字	数量（个）
一	上	57	一、二、三、上、口、目、耳、日、田、山、八、十、子、人、大、月、可、西、天、四、是、水、去、不、刀、尺、林、土、心、中、五、正、在、我、比、下、雨、有、同、自、白、和、用、出、工、明	46	東（东）、書（书）、後（后）、長（长）、從（从）、學（学）、見（见）、開（开）、問（问）、對（对）、來（来）	11

续表

年级	册	《玄秘塔碑》对应汉字数量（个）	简体字	数量（个）	繁体字	数量（个）
二	下	67	入、王、方、清、情、生、左、右、主、没、以、太、金、他、也、地、音、行、思、床、前、光、分、千、成、迷、造、夕、香、之、相、玉、次、平、元、已、百、常、空、七、家、象、都、高、奇、足、真、凉	48	國（国）、請（请）、時（时）、會（会）、門（门）、種（种）、爲（为）、樂（乐）、風（风）、當（当）、講（讲）、運（运）、聲（声）、義（义）、無（无）、臺（台）、鐘（钟）、經（经）、萬（万）	19
	上	59	就、海、作、法、如、知、深、六、友、年、然、并、今、珠、先、事、依、照、川、南、部、巨、名、利、言、道、度、向、令、岸、神、始、第、公、得、升、于、收、起	39	頂（顶）、識（识）、處（处）、歸（归）、歲（岁）、報（报）、圓（圆）、燈（灯）、盡（尽）、業（业）、師（师）、論（论）、觀（观）、現（现）、輕（轻）、場（场）、極（极）、將（将）、張（张）、驚（惊）	20
	下	55	原、注、休、息、背、能、具、甘、像、街、彩、弟、教、母、合、使、刻、荷、迎、指、特、宇、容、室、安、定、夫、破、世、功、骨、游、最、垂、座、幸、族、此、吴、净	40	滿（满）、蕩（荡）、禮（礼）、復（复）、窮（穷）、願（愿）、絕（绝）、靈（灵）、應（应）、導（导）、覺（觉）、戲（戏）、夢（梦）、與（与）、捨（舍）	15

续表

年级	册	《玄秘塔碑》对应汉字数量（个）	简体字	数量（个）	繁体字	数量（个）
三	上	56	狂、霜、君、等、接、命、沙、吞、盛、而、喜、至、初、未、厚、遍、夏、妙、演、感、器、朝、露、重、乎、持、掌、勇、粒、者、或、所、流、趣、静	35	誠（诚）、衆（众）、顯（显）、嚴（严）、載（载）、貴（贵）、寶（宝）、數（数）、淺（浅）、劉（刘）、揚（扬）、則（则）、聞（闻）、響（响）、鏡（镜）、離（离）、備（备）、斷（断）、蓋（盖）、殘（残）、親（亲）	21
	下	47	崇、佛、守、株、待、其、符、欲、何、册、且、智、慧、内、昆、修、建、括、提、克、秘、密、浪、表、理、若、乘、通、官、必、威、莫、偏、异	34	傳（传）、歎（叹）、緻（致）、趙（赵）、壽（寿）、雖（虽）、誘（诱）、參（参）、塵（尘）、隨（随）、録（录）、約（约）、務（务）	13
四	上	37	余、俗、璃、即、超、益、善、均、固、寸、宗、帝、曰、悲、既、福、念、兵、豪、秦、亦、雄、效、凡、唯、徒、卧	27	猶（犹）、達（达）、駕（驾）、紀（纪）、順（顺）、詞（词）、贊（赞）、顧（顾）、嘗（尝）、諸（诸）	10
	下	28	辟、戒、侍、捷、供、紫、肩、端、源、劫、囊、逢、腹、禁、恩、播、慕、茶、召、袍	20	飾（饰）、繪（绘）、納（纳）、滅（灭）、慮（虑）、邁（迈）、敵（敌）、議（议）	8
五	上	25	赤、扶、哀、皇、拱、唐、奉、氏、仁、竟、暑、愁、寺、畔、律、塔、皆、臣	18	屬（属）、輩（辈）、區（区）、辭（辞）、啓（启）、畢（毕）、謂（谓）	7
	下	17	承、委、摩、施、慈、祥、殊、犯、航、尼、尊、梁	12	晝（昼）、遺（遗）、聖（圣）、鈎（钩）、儀（仪）	5

续表

年级	册	《玄秘塔碑》对应汉字数量（个）	简体字	数量（个）	繁体字	数量（个）
六	上	12	德、雹、坦、隆、悟、雕、尚、倾、削、悦	10	製（制）、缚（缚）	2
	下	12	旦、素、藏、刑、矣、授	6	腊（腊）、懼（惧）、襲（袭）、遷（迁）、辯（辩）、誕（诞）	6
合计	12册	472		335		137

四、部编教材《小学语文》12 册与《玄秘塔碑》对应汉字结构

部编教材小学语文 12 册与《玄秘塔碑》对应汉字结构如表 2-3 所示。

表 2-3　部编教材小学语文 12 册与《玄秘塔碑》对应汉字结构

年级	册	独体字（96个）	上下结构（139个）	左右结构（175个）	半包围结构（52个）	全包围结构（3个）	上中下结构（4个）	左中右结构（2个）	框架结构（1个）
一	上	一、二、三、四、上、口、目、耳、日、天、山、八、十、子、人、大、月、东、西、开、水、来、不、书、刀、尺、土、心、中、五、正、我、长、下、雨、自、白、用、出、见、工、田	是、学、去	林、比、从、明、和、对	可、在、后、有、同、问				

续表

年级	册	独体字（96个）	上下结构（139个）	左右结构（175个）	半包围结构（52个）	全包围结构（3个）	上中下结构（4个）	左中右结构（2个）	框架结构（1个）
二	下	入、王、方、生、万、主、门、太、为、也、乐、千、夕、之、玉、义、无、平、元、已、百、七、象	会、金、当、音、思、前、光、真、分、香、声、足、台、常、空、奇、家	清、情、请、时、没、以、种、他、地、讲、行、凉、相、次、钟、经、都	风、左、右、床、成、迷、造、运	国	高		
	上	年、事、川、言、业、于、升、六、巨	岁、然、并、今、先、尽、照、南、名、令、岸、第、公	就、顶、极、海、作、法、如、知、识、深、归、报、珠、灯、依、部、现、收、利、观、将、师、惊、论、轻、神、始、张、得、场	处、友、起、道、度、向	圆			
	下	甘、与、母、垂、夫、世	荡、息、背、具、舍、骨、梦、灵、弟、合、幸、吴、导、宇、容、室、安、最、定、复、穷、觉、荷	礼、注、满、休、能、像、族、彩、教、游、戏、净、使、刻、绝、指、特、破、功、此	原、座、愿、迎、应			街	

续表

年级	册	独体字（96个）	上下结构（139个）	左右结构（175个）	半包围结构（52个）	全包围结构（3个）	上中下结构（4个）	左中右结构（2个）	框架结构（1个）
三	上	而、未、重、乎	者、众、霜、盖、离、等、命、备、亲、吞、盛、至、宝、夏、严、显、感、露、勇、掌、贵	浅、静、狂、所、扬、残、刘、则、接、流、沙、响、断、初、镜、妙、演、朝、持、粒、诚、数	君、闻、趣、厚、遍、载、或		喜、器		
	下	其、册、且、内、必	崇、守、尘、符、异、录、智、慧、昆、克、密、表、虽、若、参、官、务、莫	佛、随、株、待、致、传、欲、何、约、修、括、提、秘、浪、理、诱、偏、叹	寿、建、通、威、赵				乘
四	上	寸、曰、亦、凡	余、驾、益、善、宗、帝、悲、念、兵、豪、秦、赞、尝	犹、俗、即、纪、顺、均、卧、璃、既、福、词、雄、效、顾、诸、唯、徒	达、超	固			
	下		紫、禁、恩、慕、茶、召、灭	饰、绘、侍、捷、供、端、源、劫、敌、腹、播、议、袍、纳、辟	虑、戒、肩、迈、逢		囊		

续表

年级	册	独体字（96个）	上下结构（139个）	左右结构（175个）	半包围结构（52个）	全包围结构（3个）	上中下结构（4个）	左中右结构（2个）	框架结构（1个）
五	上	臣、氏	赤、辈、哀、皇、奉、毕、暑、愁、寺、皆、竟	扶、拱、仁、辞、畔、律、塔、谓	属、唐、区、启				
	下	承	昼、委、慈、圣、尊、梁	施、祥、殊、犯、航、钧、仪	摩、遗、尼				
六	上		雹、尚	德、悦、制、坦、隆、悟、雕、缚、削、倾					
	下		旦、素、袭、藏、矣	腊、惧、刑、诞、授	迁			辩	

第三章 颜体

第一节 颜真卿简介

颜真卿（709-784 年），字清臣，小名羡门子，别号应方，京兆万年（今陕西西安）人，唐朝书法家。

唐开元二十二年（734 年），颜真卿进士及第，历任监察御史、殿中侍御史等。后来，他因得罪杨国忠，被调离京师，出任平原太守。安史之乱时，他率领义军对抗叛军。后至凤翔，他被授为宪部尚书。唐代宗时，他官至吏部尚书、太子太师，封鲁郡公，人称"颜鲁公"。唐兴元元年（784 年），他受命前往劝降叛将李希烈，被李希烈缢死。在他遇害后，嗣曹王李皋及三军将士皆为之痛哭。后他被追赠司徒，谥号"文忠"。

颜真卿精通行书、楷书，其行书气势遒劲，楷书端庄雄伟。他初学褚遂良，后师从张旭，得其笔法，又汲取唐初四大书家的书法特点，兼收篆隶和北魏笔意，创"颜体"楷书，对后世影响很大。他与赵孟頫、柳公权、欧阳询并称"楷书四大家"，又与柳公权并称"颜柳"，后世有"颜筋柳骨"的美誉。其碑刻作品有《多宝塔碑》《麻姑仙坛记》《李玄靖碑》《颜勤礼碑》等。他还精通诗文，代表作有《韵海镜源》《礼乐集》《吴兴集》《庐陵集》《临川集》，均佚。后人辑有《颜鲁公文集》。

一、人物生平

（一）为官有声

唐景龙三年（709 年），颜真卿出生。3 岁时，其丧父，由母亲殷夫人亲自教育。他长大后，学问渊博，擅长写文章，对母亲殷夫人非常孝顺。

唐开元九年（721 年）七月，颜真卿随殷夫人南下，寄居苏州外祖父家。

唐开元二十一年（733 年），颜真卿就读于长安（今西安）的福山寺。同年十月，他到尚书省吏部应试。

唐开元二十二年（734 年）二月，颜真卿中进士甲科。

唐开元二十四年（736 年），经吏部铨选，颜真卿任校书郎。

唐开元二十六年（738 年），颜真卿因殷夫人病逝，赴洛阳丁忧三年。

唐天宝元年（742 年），颜真卿回到长安，并中博学文词秀逸科（制举考试的一种）。同年十月，他被任命为醴泉县尉。

唐天宝五年（746年）三月，颜真卿任长安县尉。据《云溪友议》所载，颜真卿曾任临川内史，使"浇风莫竞，文政大行"，颇受赞誉。经两次升迁，颜真卿任监察御史，奉命巡查河东、陇州（今陇县）。他在巡视过程中平反了五原冤狱，受百姓称赞。在巡查河东时，他劾罢朔方县令郑延祚，使其被朝廷下诏终身禁止录用。

唐天宝八年（749年），颜真卿升任殿中侍御史，后因受宰相杨国忠厌恶，被外调为东都畿采访判官。次年，他再任殿中侍御史。

唐天宝十一元（752年），颜真卿转任武部员外郎。杨国忠始终排挤他，于次年将颜真卿调离京师，让他出任平原太守。

（二）安史之乱

平原郡属安禄山辖区，当时安禄山谋反的迹象已显露出来，颜真卿便假托阴雨不断，暗中加高城墙，疏通护城河，招募壮丁，储备粮草，但表面上每天与宾客驾船饮酒，以此麻痹安禄山。安禄山果真认为他是个书生，不足为虑。唐天宝十四年（755年），安禄山以"忧国之危"、奉密诏讨伐杨国忠为借口起兵造反。河北郡县大多被叛军攻陷，只有平原郡防守严密，颜真卿派司兵参军李平骑快马到长安向唐玄宗报告此事。唐玄宗初听到安禄山反叛的消息，叹息说："河北二十四个郡，难道就没有一个忠臣吗？"等到李平到京，唐玄宗大喜，对官员说："我不了解颜真卿的为人，他做的事竟这样出色！"当时平原郡有3 000静塞兵，颜真卿又增招士兵10 000人，派录事参军李择交统领，任用刁万岁、和琳、徐浩、马相如、高抗朗等人为将领，分别统领军队。他还在西城门犒劳士兵，并慷慨陈词，以鼓舞士气。当时的饶阳太守卢全诚、济南太守李随、清河长史王怀忠、邺郡太守王焘等人率领军队来投奔他。朝廷命北海太守贺兰进明率领5 000精锐士兵渡河援助。

叛军攻下洛阳，派段子光送李憕、卢奕、蒋清的头到河北示众。颜真卿担心大家害怕，便同各位将领说："我一向认识李憕等人，这些头都不是他们的。"于是，颜真卿杀了段子光，把三颗头藏起来。过了些时候，他用草编做人身，接上首级，装殓后祭奠，设灵位哭祭他们。

此时，颜真卿的堂兄颜杲卿任常山太守，他杀了叛军将领李钦凑等人，清除了土门的敌人，于是17个郡同一天自动归顺朝廷，推举颜真卿为盟主，组成了20万大军，截断了燕赵的交通联络。朝廷任命颜真卿为户部侍郎，辅佐河东节度使李光弼讨伐叛军。颜真卿任李晖为自己的副手，任李铣、贾载、沈震为判官。不久，颜真卿被加拜为河北招讨采访使。

清河太守派李萼向颜真卿求援，李萼建议颜真卿联合清河郡，利用其钱粮。颜真卿便派出 6 000 援兵，又向李萼求计。李萼说："朝廷派程千里统帅 10 万大军，自太行山向东进发，准备兵出山郭口，阻挠叛军前进。您如果攻打魏郡，杀掉叛将袁知泰，用精兵打下山郭口，迎接朝廷的军队出山郭口攻打邺城、幽陵，平原、清河两郡共 10 万大军攻向洛阳，分出精锐部队控制要冲，您坚守不与敌人交战，不超过几十天，叛贼必然溃败，自相残杀而死。"颜真卿同意，传送文告给清河等郡，派大将李择交，副将范冬馥、和琳、徐浩率领清河郡、博平郡的 5 000 士兵驻扎在堂邑。袁知泰派白嗣深、乙舒蒙等领兵 2 万抵挡，但战败，袁知泰败逃到汲郡。

史思明围攻饶阳，派游军截断了平原郡的救兵。颜真卿担心打不过敌军，便写信请贺兰进明前来，把河北招讨使一职让给他。贺兰进明在信都作战失败。恰逢平卢将领刘正臣据渔阳起义，颜真卿想坚定他的信心，派贾载渡海送去 10 多万军费，并将自己的儿子颜颇送去作为人质。

此时，太子李亨（唐肃宗）已在灵武登基。颜真卿多次派使者带着用蜡丸封的信向李亨汇报军政事务。李亨任命颜真卿为工部尚书兼御史大夫，复任河北招讨使。当时军费困难，李萼劝颜真卿收取景城的盐资源，让各郡之间互相调剂，确保了军费供给。理财家第五琦后来效仿此法，也使军中物资丰富。

（三）重振朝纪

安禄山乘虚派史思明、尹子奇急攻河北一带，各郡又沦陷，只有平原郡、博平郡、清河郡防守坚固。但人心惶惶，不能再振奋起来。颜真卿经与众人商议，于唐至德元年（756 年）十月，放弃平原郡，渡过黄河，走崎岖小路到凤翔拜见李亨。李亨任命他为宪部尚书，后又将其调任御史大夫。此时，朝廷正处于混乱状态，但颜真卿仍像平常一样按法律治事，武部侍郎崔漪、谏议大夫李何忌都被他弹劾降职。

广平王李俶（后改名李豫，唐代宗）统率 20 万大军去收复长安，辞行的那天，在行宫门前不敢上马，快步走出栅栏才上马。而王府都虞候管崇嗣先于李俶上马，颜真卿予以弹劾。李亨退回他的奏章，说："朕的儿子每次外出，朕都谆谆教育他，所以不敢失礼。管崇嗣年老腿跛，你暂且宽容他。"百官由此都守礼起来。

收复长安后，李亨派左司郎中李选祭宗庙，在祝词上署名"嗣皇帝"。颜真卿对礼仪使崔器说："太上皇还在川蜀，这样行吗？"崔器立即报告李亨更改，李亨因此赞赏颜真卿的才识。颜真卿又建议在长安郊野筑坛，由李亨面向东方哭祭，然后派出礼仪使，但李亨未采用此建议。宰相厌恶颜真卿直言劝谏，调他出京任冯翊太守。之后，颜真卿转任蒲州刺史，封丹阳县子。后来，他又被御史唐旻诬陷，降为饶州刺史。

唐乾元二年（759年），颜真卿任浙西节度使。淮西节度副使刘展欲要反叛，颜真卿指示预先做好战备，但都统李峘认为他无事生非，反而攻击他。于是，李亨任命颜真卿为刑部侍郎。后刘展起兵反叛，渡过淮河，李峘逃奔江西。李辅国将太上皇李隆基迁居西宫，颜真卿率百官问安，但此举招来李辅国的厌恶，导致颜真卿被降为蓬州长史。

唐宝应元年（762年），太子李豫即位，起用颜真卿为利州刺史，没有下任命书，将其改任吏部侍郎，又授荆南节度使，但他还未赴任，又被改拜尚书右丞。

唐广德元年（763年）十月，为躲避吐蕃入侵，李豫避难陕州。当时，颜真卿请求李豫让自己奉诏召仆固怀恩回朝，但李豫不同意。十二月，李豫回京。颜真卿请李豫先参拜陵墓、宗庙，后在正殿即位。宰相元载认为他迂腐，颜真卿生气地说："这意见用不用在您，进言的人有什么罪过？但朝廷规章哪能经受您两次破坏呢？"元载记恨在心。

唐广德二年（764年）正月，李豫命颜真卿以检校刑部尚书的职务任朔方行营宣慰使，劝说仆固怀恩入朝。颜真卿回答说："陛下在陕州时，臣用忠义的道理质问他，让他前来奔赴国难，他还有可来的道理。如今陛下已经回宫，他进不是勤王赴难，退则无法向大家解释，这时去召见他，他怎么肯前来呢？再说，告仆固怀恩谋反的人仅有辛云京、骆奉仙、李抱玉、鱼朝恩四人而已，其余大臣都说他冤枉。陛下不如用郭子仪取代仆固怀恩，这样可以不战而使其臣服。"李豫同意。颜真卿因而留在京城主持尚书省事务，改封鲁郡公。

元载结党营私，怕群臣奏报李豫，因而让李豫下诏，群臣的进言都经自己审查才能上奏。颜真卿上奏劝阻，被宦官在朝廷内外传播此事。

（四）历职抚州刺史、湖州刺史

唐大历三年（768年）四月，颜真卿任抚州刺史，后任湖州刺史。

在抚州任职的五年中，颜真卿关心民众疾苦，注重农业生产，热心公益事业。针对抚河正道淤塞、支港横溢、农田被淹的现状，他带领民众在抚河中心小岛扁担洲南建起一条石砌长坝，从而消除了水患，并在旱季引水灌田。抚州百姓为了纪念颜真卿，将石坝命名为千金陂，并建立祠庙，四时致祭。

（五）刚正遭嫉

唐大历十二年（777年），元载被杀，经宰相杨绾、常衮举荐，颜真卿获召入朝，担任刑部尚书，随后升任吏部尚书。

唐大历十四年（779年），李豫驾崩，颜真卿任礼仪使。他上奏说前几朝皇帝追加谥号的礼节繁复，请以初定的礼节为准。时值战乱之后，典章法令废弛，颜真卿虽然博古通今，但他的建议多被权臣阻挠，难以实施。

颜真卿因刚正而得罪宰相杨炎，被改任太子少师，但仍兼任礼仪使。宰相卢杞掌权后，更加厌恶颜真卿的刚正，改授他为太子太师，罢免其礼仪使一职。卢杞还多次派人探听哪一个藩镇合适，准备把颜真卿排挤出京都。颜真卿去见卢杞，和他说："你先父卢中丞（卢奕）的头颅送到平原郡，脸上满是血，我不忍心用衣服擦，亲自用舌头舔净，您忍心不容忍我吗？"卢杞表面惊惶地下拜，内心却对颜真卿恨之入骨。

（六）忠至灭身

唐建中四年（783年），叛乱的淮西节度使李希烈攻陷汝州。卢杞建议派颜真卿前往李希烈军中，传达朝廷旨意，唐德宗李适同意。朝臣为此大惊失色，宰相李勉秘密上奏，"以为失一国老，贻朝廷羞"，坚决要求留下颜真卿。郑叔则也劝颜真卿不要去，颜真卿说："圣旨能逃避吗？"

颜真卿到后，李希烈想给他一个下马威。在见面时，李希烈让自己的部将和养子带领1 000多人聚集在厅堂内外。颜真卿刚开始宣读圣旨，那些人就冲上来，手里拿着明晃晃的尖刀，围住他又是谩骂，又是威胁。见颜真卿面不改色，李希烈才命令众将退下，让颜真卿住进驿馆。李希烈逼颜真卿写信给朝廷，来洗刷自己的罪行。颜真卿不听，李希烈就借他的名义派他的侄子颜岘与几个随从到朝廷继续请求，而李适没有答复。颜真卿每次给儿子写信，只告诫他们敬奉祖宗，抚养孤儿，从未有其他的话。

李希烈派李元平劝说他，颜真卿斥责李元平说："你受国家委任为官，不能报答国家，想我没有兵杀你，还来诱说我吗？"李希烈请来他的同党，设宴会，唤来颜真卿，并指使戏子借唱戏攻击和侮辱朝廷。颜真卿愤怒地说："您是皇帝的臣子，怎么能这样做？"他起身拂衣离去。当时，朱滔、王武俊、田悦等藩镇的使者都在座，对李希烈说："很早就听说太师的名望高、品德好，您想当皇帝，太师来了，选人当宰相谁能超过太师？"颜真卿斥责说："你们听说颜常山没有？那是我的兄长，安禄山反叛时，首先组织义兵抵抗，后来即使被俘了，也不住口地骂叛贼。我将近八十岁了，官做到太师，我至死保护自己的名节，怎么会屈服于你们的胁迫？"众人尽皆失色。

李希烈最终将颜真卿逮捕，命令甲士看守。他还命人在庭院中挖了一丈见方的坑，传言说要活埋颜真卿。颜真卿约见李希烈说："死生有命，何必搞那些鬼把戏！"荆南节度使张伯仪兵败时，李希烈命令把张伯仪的旌节以及被俘士兵的左耳送给颜真卿看，他痛哭扑地，气绝后又苏醒，从此不再与人说话。恰逢李希烈同伙中的周曾、康秀林想偷袭杀掉李希烈，尊颜真卿为帅，事情泄露，周曾被杀死，李希烈就把颜真卿押送到蔡州的龙兴寺。颜真卿估计自己一定会死，于是写了给唐德宗的遗书、自己的墓志和祭文，指着寝室西墙下面说："这是放我尸体的地方啊！"李希烈称帝时，派使者问登帝位的仪式，颜真卿回答说："老夫年近八十，曾掌管国家礼仪，只记得诸侯朝见皇帝的礼仪！"胡三省评此语"辞不迫切而义甚严正"。

后来，唐军日益强大，淮西形势转变。李希烈派部将辛景臻、安华到颜真卿住所，他们在寺中堆起干柴说："再不投降，就烧死你。"颜真卿起身欲跳入火中，辛景臻等人急忙拉住了他。李希烈的弟弟李希倩因参与朱泚叛乱被杀，李希烈因而发怒，派宦官前往蔡州杀害颜真卿。宦官对颜真卿说："有诏。"颜真卿拜了两拜。宦官又说："宜赐卿死。"颜真卿说："老臣无状，罪当死，然使人何日长安来？"宦官说："从大梁来。"颜真卿骂道："乃逆贼耳，何诏云？"于是，颜真卿被缢杀，时为唐兴元元年八月初三（784年8月23日）。嗣曹王李皋听到颜真卿被杀的消息后，为他流下眼泪，三军都为之痛哭。半年后，叛乱被平定，淮西节度使陈仙奇派军护送颜真卿的灵柩回京。颜真卿的两个儿子至汝州襄城县迎丧。同年，颜真卿被葬于京兆万年颜氏祖茔。唐德宗为他废朝五日，追赠其为司徒，赐谥号"文忠"。

二、主要成就

颜真卿初学褚遂良，后又得笔法于张旭，还与怀素一起探讨书法。他对王羲之、王献之等人的书法都曾进行深入研究，并吸取其长处，创造了新的时代书风。颜真卿的书体被称为"颜体"，并且他与柳公权并称"颜柳"，有"颜筋柳骨"之美誉。

颜真卿的楷书雄秀端庄，结体由初唐的瘦长变为方形，方中见圆，具有向心力。其用笔浑厚强劲，善用中锋笔法，饶有筋骨，亦有锋芒，一般横画略细，竖画、点、撇与捺略粗（图3-1、图3-2）。他的行书、草书遒劲有力，点画飞扬，在王派之后为行书、草书开创了一个新局面。其行书作品《祭侄稿》（图3-3）是其书法美与人格美完美结合的经典之作，与王羲之的《兰亭序》、苏轼的《黄州寒食诗帖》并称三大行书法帖。

图 3-1　《自书告身》局部　　　图 3-2　《颜勤礼碑》局部之一

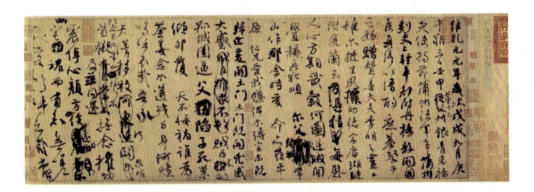

图 3-3　《祭侄稿》

比较端庄遒劲的还有《颜勤礼碑》，其笔画细瘦，和其他碑刻不大一样。《颜家庙碑》则筋力丰厚，是颜真卿晚年的作品，与其早年的作品相比，更加浑厚大气。

颜真卿在书学史上以"颜体"缔造了一个独特的书学境界。他的书法以卓越的灵性系之，境界自然瑰丽；以其坚强的魂魄铸之，境界自然雄健；以其丰富的人生育之，境界自然阔大。在青年时期，颜真卿就曾向张旭请教"如何齐于古人"。这是颜真卿的书学心声。后来，他以数十年时间百般锤炼，创造出了形神兼备、雄伟刚劲、大气磅礴的"颜体"。其晚年犹求炉火纯青、出神入化的境界，最终使"颜体"

在书坛巍然屹立。正如范文澜在《中国通史简编》中所说："初唐的欧、虞、褚、薛只是二王书体的继承人，盛唐的颜真卿才是唐朝新书体的创造者。"颜真卿的楷书已形成一种范式，后世学习者极多，甚至有"学书当学颜"的说法。

三、书学境界

（一）第一境界

50 岁以前可以说是颜真卿书学第一境界的历练时期。在这一时期，颜真卿初步确立了自己的"颜体"面目。如果以唐天宝五年（746 年）张旭在裴儆府上授笔法于颜真卿为一个界线，那么在此之前颜真卿尚在艰苦的摸索阶段。在此阶段，其传世之作鲜见。但颜真卿在书学方面已有相当的修养。在张旭考问颜氏十二笔意时，颜真卿以自己攻习所悟对答如流，使张旭深以为然。他志向高远，希望能"齐于古人"。张旭也因此愿意再授其笔法。

在学习张旭的笔法后，颜真卿欣喜地说："自此得攻书之妙，于兹五年（或作七年），真草自知可成矣。"因此，唐天宝五年（746 年）之后的五年或七年时间可以说是颜真卿依照张旭的指引再磨砺的阶段。果然在唐天宝十一年（752 年）后，颜真卿的书碑渐多，他在社会上已享有一定的声誉。唐天宝十一年，他书有《郭虚己碑》《郭揆碑》《多宝塔碑》《夫子庙堂碑》等。唐天宝十三年（754 年），他又书有《东方朔画赞》《碑阴记》等。唐天宝十四年（755 年），安禄山造反，颜真卿投身于金戈铁马与叛军作战之中，无暇顾及笔砚艺事。此为颜氏书法历练的第一阶段，也是第一境界的历练。

这一时期是"颜体"的初步形成阶段。由《多宝塔碑》等作品可知，颜真卿追求的是用笔沉着、雄毅，以健力立骨体，敷以较厚之肉彩；结体整密、端庄、深稳，由瘦长型变为方正形；在布白上减少字间、行间的空白而趋茂密。在这一阶段，颜真卿追求"雄"中有"媚"的境界："点画皆有筋骨""点画净媚""其劲险之状，明利媚好"。另外，他在这一阶段专门攻习楷书、草书，虽有隶书、篆书之作，但并不多。颜真卿的第一境界从初唐而来，又脱出初唐之轨辙，自成一家。这种境界的历练又多循张旭所示为门径。

（二）第二境界

50 岁至 65 岁可以说是颜真卿书学第二境界的历练时期。在这一时期，其"颜体"形神兼备，已渐成熟。其间，他的作品有《请御书逍遥楼诗碑额表》《鲜于氏离堆记》

《颜允南碑》《韦缜碑》《臧怀恪碑》《郭公庙碑铭》《颜秘监碑铭》《颜乔卿碑》《殷践猷碑》《张景倩碑》《元子哲遗爱碑》《抚州宝应寺律藏院戒坛记》《麻姑仙坛记》《宋璟碑》《八关斋会报德记》等。

经历了"安史之乱"的动荡，以及其后接二连三地被黜，颜真卿一次又一次拓展了心灵的空间。书生—斗士—统帅，立朝—外黜—立朝，其生活方式频繁转换，人生体验更多，艺术体味也就更深。此时，颜真卿"一寓于书"，将前期的"颜体"反复锤炼，炼形炼神，从而使"颜体"形神兼备，终至成熟。可以看出，他加强了腕力，中锋运行，取篆籀方法，圆转藏锋；笔画形成蚕头燕尾，并且笔画书写采取横细竖粗的对比错综方法。另外，其钩末、捺末挑踢出尖锋；其捺笔表现出一波三折的节奏；其直钩、平钩、斜钩饱满取势，弯度均匀，圆劲有力；其折笔则提笔暗转，斜面折下，以"折钗股"拟之。在结体上，其字方正端庄，稳健厚重，中宫宽绰，四周形密，不以重心欹侧取势，不以左紧右松取妍，而像篆隶以对称的正面形象示人。在布白上，其字间栉比，行间茂密，以形密取气势，不以疏宕取秀逸。

至此境界，颜真卿一扫初唐以来的楷书风貌：前者侧，后者正；前者妍，后者壮；前者雅，后者直；前者瘦，后者肥；前者法度深藏，后者有法可循；前者润色开花，后者元气淋漓。真可谓变法出新意，雄魂铸"颜体"。

（三）第三境界

65岁以后的十多年可以说是颜真卿书学第三境界的历练时期。此时，其书法成熟中带有神奇变化，一日有一日之进境，一碑有一碑之异彩。此时期，他的作品有《元结碑》《干禄字书》《颜杲卿碑》《李玄靖碑》《颜勤礼碑》《颜家庙碑》《奉命帖》《移蔡帖》等。其中，《颜勤礼碑》《颜家庙碑》等典型碑刻在老辣中富有新鲜活泼的生机，在疏淡中显示质朴茂密的风貌，在笔锋得意处显现功力的炉火纯青，在圆润丰腴中透露出颜真卿的豪迈气度。

孔子在《论语·为政》中说："六十而耳顺，七十而从心所欲，不逾矩。"颜真卿晚年也达到了这样的境界。他在反省中悟彻生命与书艺，并将生命哲学与书艺哲学打通。因此，他既在点捺撇画中留着生活的血泪斑驳，又在笔墨的动势中洋溢着对生命的颂歌；既在线条的起落移动中灌注一腔豪情，又在栉比鳞次的布白中激射人格光辉。至此境界，其书如老桥枯林，却有浓花嫩蕊，一本怒生，万枝争发，生机益然。

四、思想

颜真卿立朝正色、刚而有礼，尤崇忠孝。在他看来，德有三，孝悌称其至；常有五，仁道原其终。善事父母谓孝，和睦兄友谓悌，孝悌为仁之本。竭诚奉君主谓忠，率义忘穷谓勇，子仕教忠之谓慈，战阵勇敢谓孝，慈孝有裕，则道存于方册。他主张君主要掌握赏罚二柄，并应使天下知道有必行之法、必赏之令。

颜真卿总结唐朝建立以来的经验和教训，谏言唐德宗广开言路。颜真卿不但精通儒学，而且身体力行，以尽忠孝，被后世儒者奉为修身楷模。

五、礼制

颜真卿久任礼仪使，参订礼仪，对唐朝的礼仪制度多有厘正。唐建中三年（782年），颜真卿向唐德宗建议，追封古代名将 64 人，并为他们设庙享奠。

六、文学

颜真卿在《颜真卿书法全集》中所撰作品大多是实用性文章，言辞率真慷慨、生动感人，对唐代古文运动有促进作用。为后世称颂的《论百官论事疏》《与郭仆射书》等，宏词沉郁，忠节之言，如见其人，充分体现了颜真卿的忠烈刚直品节。

颜真卿传世作品以碑刻作品最多，有《多宝塔碑》《麻姑仙坛记》《颜勤礼碑》《颜家庙碑》等。其行书作品有《争座位帖》《祭侄稿》等。另外，颜真卿著有《韵海镜源》《礼乐集》《吴兴集》《庐陵集》《临川集》，均佚。后人辑其诗文为《颜鲁公文集》。《全唐诗》《全唐诗补编》《全唐文》亦收录有其作品。

七、人物评价

颜鲁公书，雄秀独出，一变古法，如杜子美诗，格力天纵，奄有汉、魏、晋、宋以来风流，后之作者，殆难复措手。

——苏轼《论书》

平生肝胆卫长城，至死图回色不惊。世俗不知忠义大，百年空有好书名。

——李行中《读颜鲁公碑》

平原太守颜真卿，长安天子不知名。一朝渔阳动鼙鼓，大江以北无坚城。公家兄弟奋戈起，一十七郡连夏盟。贼闻失色分兵还，不敢长驱入咸京。明皇父子将西狩，由是灵武起义兵。唐家再造李郭力，若论牵制公威灵。哀哉常山惨钩舌，心归朝廷气不慑。崎岖坎坷不得志，出入四朝老忠节。当年幸脱安禄山，白首竟陷李希烈。希烈安能遽杀公，宰相卢杞欺日月。乱臣贼子归何处，茫茫烟草中原土。公死于今六百年，忠精赫赫雷当天。

——文天祥《平原》

书家以险绝为奇，此窍惟鲁公、杨少师得之，赵吴兴弗能解也。

——董其昌《画禅室随笔》

史称颜真卿立朝正色，刚而有礼，非公言直道，不萌于心。天下不以姓名称，咸曰"鲁公"，而独为权奸卢杞所忌，遣谕李希烈，竟被贼害。观其赴火骂逆，何其烈也。生平善正、草书，宋祁称其"笔力遒婉"，今披阅遗迹，凝重沉郁，奇正相生，如锥画沙，直透纸背，觉忠义之气，犹勃勃楮墨间。朕重其人，益爱其书，不啻逾于球璧矣。

——爱新觉罗·玄烨《跋颜真卿墨迹后》

八、后世纪念

颜真卿纪念馆位于江苏省南京市广州路，东连乌龙潭公园，南望蛇山，西邻龙蟠里，北依清凉山、虎踞关，清静幽雅，翰墨流香。其原名为颜鲁公祠，是全国唯一保存完好的祭祀颜真卿的祠庙遗迹。现存的颜鲁公祠为砖木结构，青砖小瓦，有大殿、配殿等，占地 1 500 平方米。

1982 年，颜鲁公祠被列为市级文物保护单位。1994—1995 年，鼓楼区政府拨款全面维修颜鲁公祠，并在原放生井上修建新放生亭一座。庭院内增设景点，栽种名贵花木。当时的全国政协副主席、佛教协会会长赵朴初亲题"书坛泰斗"，镶金匾高悬于大殿内正中上方。

第二节 《颜勤礼碑》简介

《颜勤礼碑》，全称《唐故秘书省著作郎夔州都督府长史护军颜君神道碑》，是颜真卿为其曾祖父颜勤礼撰文并书写的神道碑，为颜真卿晚年的楷书代表作。此碑于唐大历十四年（779 年）立，1922 年在陕西西安出土，现存于西安碑林博物馆，北京故宫博物院藏初拓本。

一、《颜勤礼碑》介绍

《颜勤礼碑》四面刻字，现存三面，碑阳 19 行，碑阴 20 行，每行 38 个字，碑侧有 5 行，每行 37 个字，碑文追述颜氏祖辈功德，叙述后世子孙在唐王朝的业绩，如图 3-4 所示。其用笔横细竖粗、藏头护尾、方圆并用，结体端庄大方、宽绰舒展、拙中见巧，气息浑厚雄强、生机郁勃，展现了盛唐的审美风尚。

图 3-4 《颜勤礼碑》

此碑在欧阳修《集古录》中曾有记载，但清代的《金石萃编》等书未著录。这是因为此碑在元明时被埋入土中，至民国时期才被发现。由宋伯鲁 1923 年的题跋可知，此碑 1922 年 10 月曾由何梦庚得于西安旧藩廨库堂后土中，时碑虽已中断，但上下都完好，唯其铭文并立石年月因宋时作基址而磨灭。

二、碑帖评价

《颜勤礼碑》是颜真卿晚年的作品，已完全脱去初唐楷书的体态。此碑结体宽绰疏朗，气势雄强，骨架开阔，方形外拓，笔画横细竖粗（图 3-5）。此碑由于入土较早，残剥损毁少，又未经后人修刻剔剜，所以能比较准确地体现颜书宽绰、厚重、挺拔的风貌。

图 3-5　《颜勤礼碑》局部之二

三、笔法特点

《颜勤礼碑》是颜真卿书法成熟时期的佳作之一，其具有端庄豁达、舒展开朗、动静结合、巧拙相生、雍容大方的特点。在此碑中，颜真卿用笔横细竖粗，藏头护尾，方圆并用，雄健有力。竖画取相向之势，捺画粗壮且雁尾分叉，钩如鸟嘴，点画间气势连贯。此碑中的字同样的点画有不同的变化，节奏感强。另外，此碑重法度、重规矩，展现了大唐盛世气象。

第三节　部编教材小学语文 12 册与《颜勤礼碑》对应汉字

一、部编教材小学语文 12 册与《颜勤礼碑》对应汉字表

部编教材小学语文 12 册与《颜勤礼碑》对应汉字如表 3-1 所示。

表 3-1　部编教材小学语文 12 册与《颜勤礼碑》对应汉字表

年级	册	课本生字数量（个）	《颜勤礼碑》对应汉字数量（个）	比例	《颜勤礼碑》对应汉字
一	上	100	56	56.00%	一、二、三、上、口、手、日、田、云、山、十、子、人、大、月、里、东、天、四、是、女、开、水、不、小、少、牛、早、书、林、土、心、中、五、正、在、后、好、长、下、有、从、才、明、同、学、自、白、又、和、马、几、多、出、见、工
	下	200	75	37.50%	春、风、入、姓、国、王、方、清、字、左、右、时、动、万、主、江、没、以、会、北、京、门、过、各、太、阳、校、金、秋、为、河、说、也、居、呼、当、行、思、光、故、乡、外、晚、节、真、高、千、成、古、李、之、相、远、义、首、采、无、美、直、加、文、平、元、洗、经、连、非、常、进、干、奇、七、家、都、草
二	上	250	64	25.60%	顶、孩、海、作、给、法、如、更、识、群、领、处、六、九、友、季、年、画、奖、及、并、今、先、事、楼、依、黄、川、南、部、位、升、名、胜、华、老、城、观、朗、将、言、邻、道、业、师、军、士、度、龙、令、于、论、散、唱、浑、轻、食、神、始、第、公、张、车、得
	下	250	48	19.20%	诗、童、柳、员、原、叔、局、礼、温、能、具、舍、州、齐、敬、转、与、精、弟、游、周、补、充、合、记、幸、使、图、交、愿、绝、岭、永、特、积、室、遇、安、定、夫、终、期、泉、祖、世、功、式、害

续表

年级	册	课本生字数量（个）	《颜勤礼碑》对应汉字数量（个）	比例	《颜勤礼碑》对应汉字
三	上	250	43	17.20%	汉、服、读、所、扬、刘、君、则、颜、闻、等、命、流、亲、父、英、盛、而、察、楚、至、初、未、富、优、挺、数、厚、实、材、受、朝、蒙、刺、追、司、庭、掌、班、调、烈、男、者
	下	250	43	17.20%	崇、短、凑、集、蓬、守、其、代、映、传、酒、何、兄、册、保、省、县、史、举、历、芳、内、苏、强、修、续、秘、理、婴、希、润、剑、通、宁、官、参、推、威、武、务、艺、贼、莫
四	上	250	45	18.00%	据、余、庄、曾、益、质、善、暮、阁、须、舒、顺、临、选、专、卫、累、茂、滋、宗、帝、曰、既、著、拔、护、幼、量、旋、兵、尤、恨、品、豪、秦、词、项、沈、怀、赞、疑、训、尝、诸、娶
	下	250	28	11.20%	凤、序、率、藉、末、辟、隐、康、疾、职、解、忠、毒、颇、侍、馆、敏、陆、晋、恭、勤、博、焉、伦、宰、介、允、损
五	上	220	33	15.00%	刊、述、皆、诵、谓、逸、怡、孙、考、秀、仁、杀、氏、奉、略、唐、履、杭、乃、祭、郎、延、赤、属、荆、典、议、访、兰、亭、澄、鹤、宜
	下	180	19	10.56%	梁、绵、驰、仪、翘、讽、誉、侄、监、彭、慈、庆、遗、谋、府、鲁、委、督、曹
六	上	180	13	7.20%	拜、郑、废、御、倾、摄、悟、制、屈、宣、德、雅、陈
	下	120	12	10.00%	逆、授、诞、辩、俱、迁、逝、籍、栖、盈、素、宫
合计	12册	2 500	479	19.16%	

二、部编教材小学语文 12 册与《颜勤礼碑》对应汉字图

（一）部编教材小学语文一年级上册与《颜勤礼碑》对应汉字

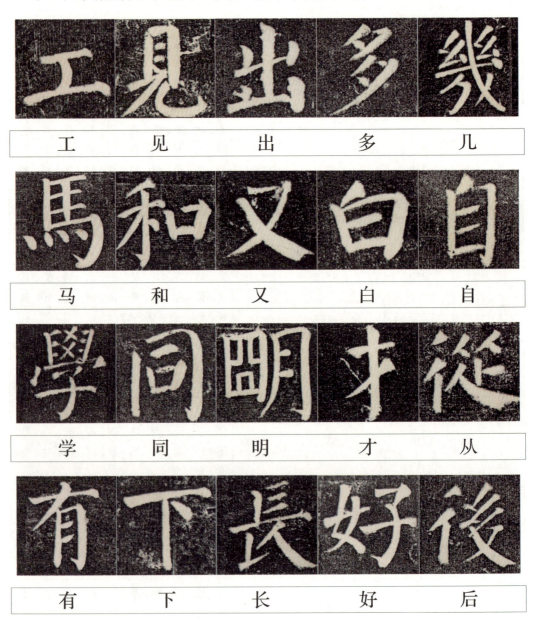

工	见	出	多	几
马	和	又	白	自
学	同	明	才	从
有	下	长	好	后

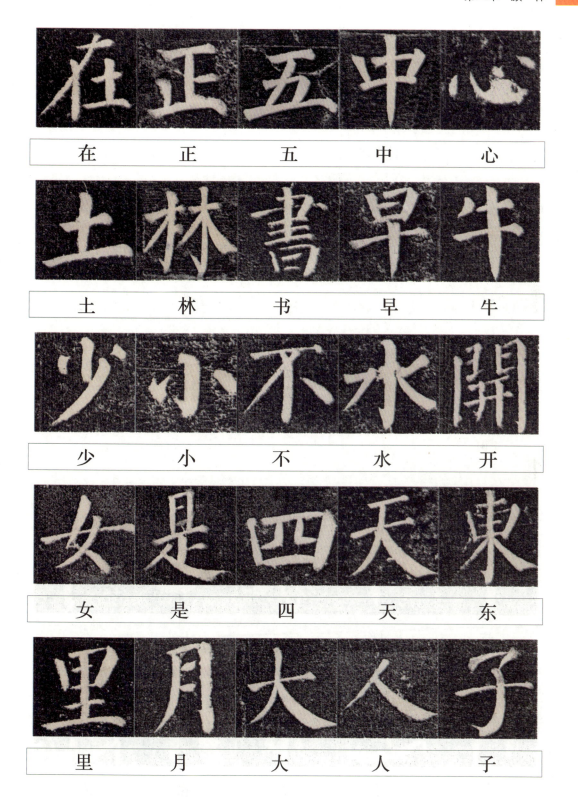

在　　正　　五　　中　　心

土　　林　　书　　早　　牛

少　　小　　不　　水　　开

女　　是　　四　　天　　东

里　　月　　大　　人　　子

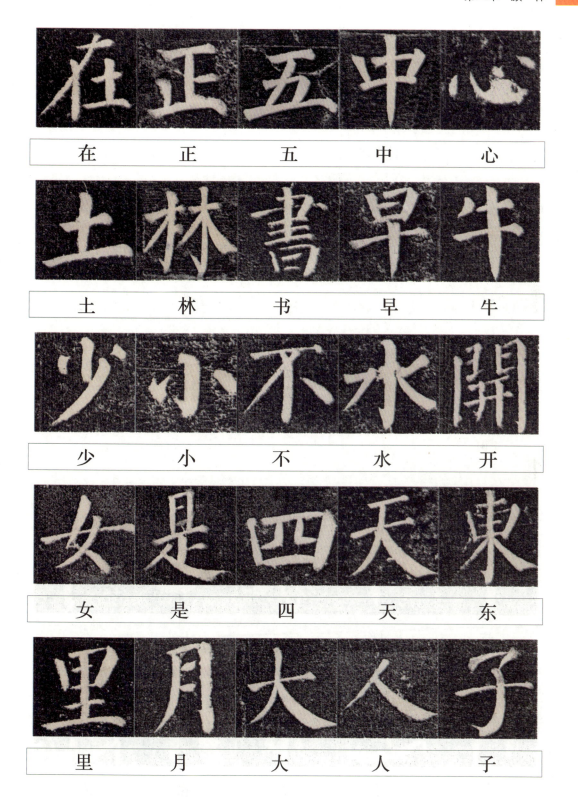

在　正　五　中　心

土　林　书　早　牛

少　小　不　水　开

女　是　四　天　东

里　月　大　人　子

| 十 | 山 | 云 | 田 | 日 |

| 手 | 口 | 上 | 三 | 二 |

| 一 |

（二）部编教材小学语文一年级下册与《颜勤礼碑》对应汉字

| 草 | 都 | 家 | 七 | 奇 |

| 干 | 进 | 常 | 非 | 连 |

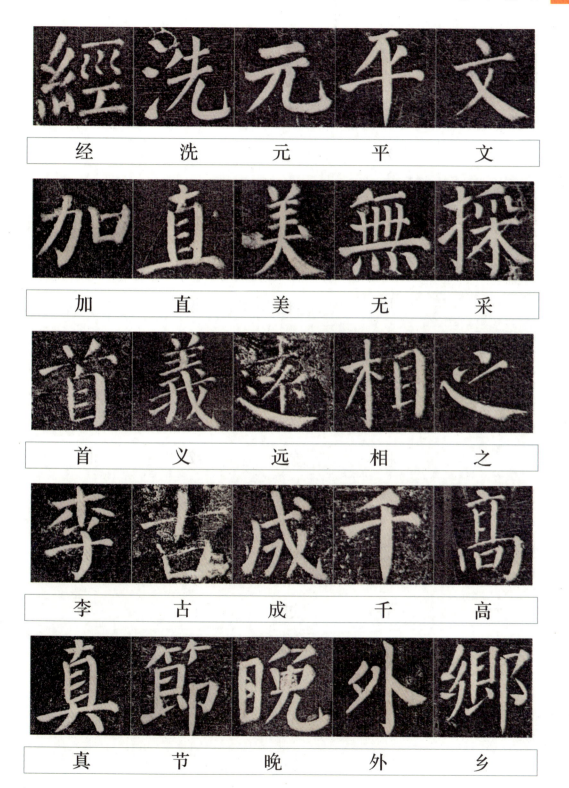

经	洗	元	平	文
加	直	美	无	采
首	义	远	相	之
李	古	成	千	高
真	节	晚	外	乡

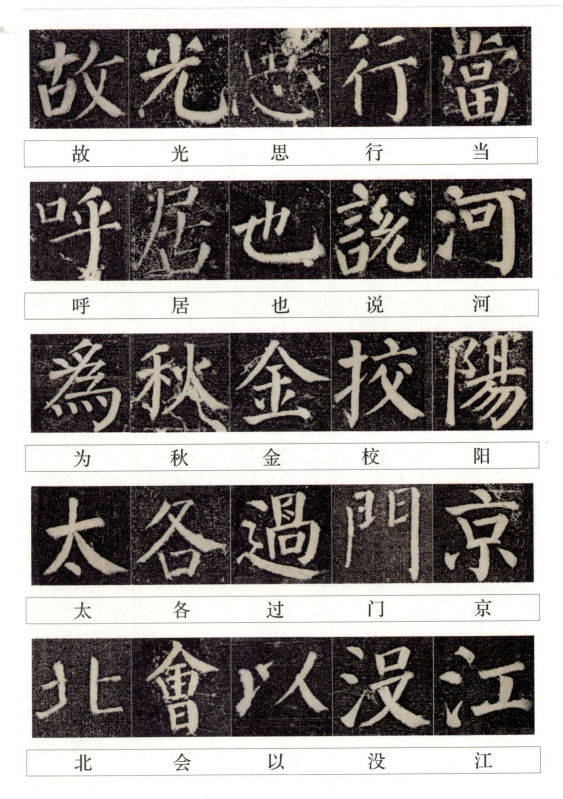

故	光	思	行	当
呼	居	也	说	河
为	秋	金	校	阳
太	各	过	门	京
北	会	以	没	江

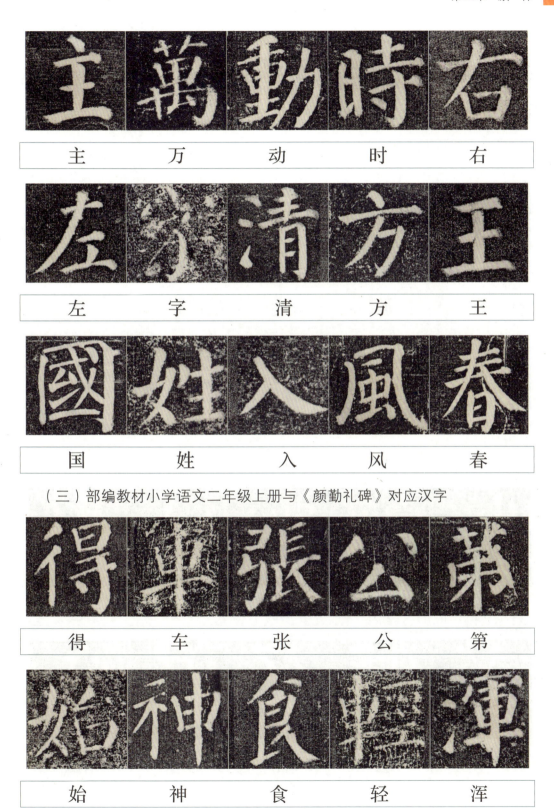

主　万　动　时　右

左　字　清　方　王

国　姓　入　风　春

（三）部编教材小学语文二年级上册与《颜勤礼碑》对应汉字

得　车　张　公　第

始　神　食　轻　浑

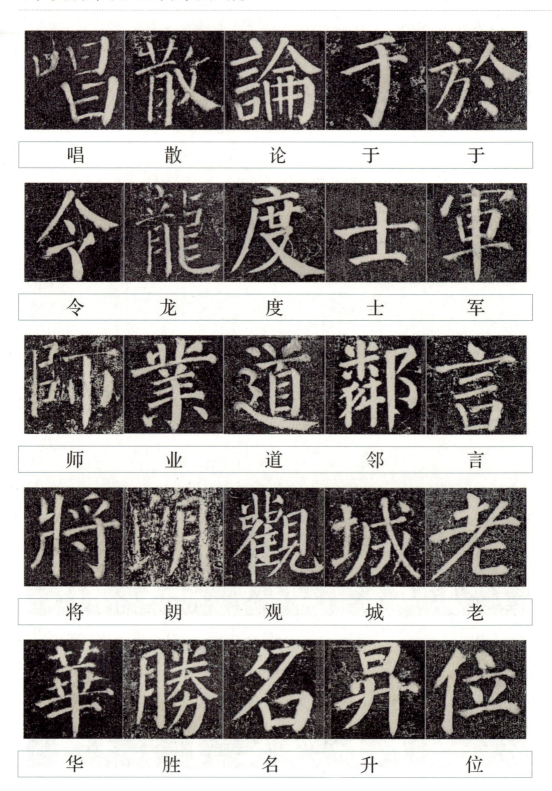

唱	散	论	于	于
令	龙	度	士	军
师	业	道	邻	言
将	朗	观	城	老
华	胜	名	升	位

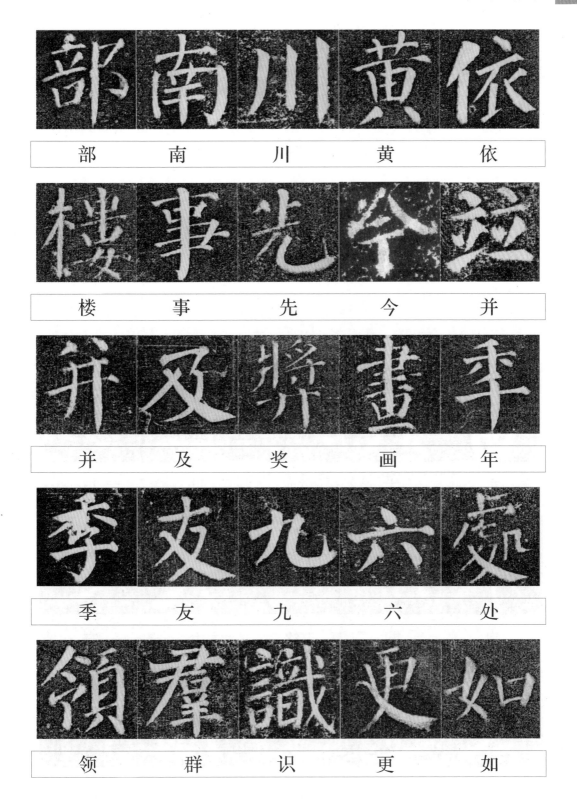

部	南	川	黄	依
楼	事	先	今	并
并	及	奖	画	年
季	友	九	六	处
领	群	识	更	如

法	给	作	海	孩

顶

（四）部编教材小学语文二年级下册与《颜勤礼碑》对应汉字

害	式	功	世	祖

泉	期	终	夫	定

安	遇	室	积	特

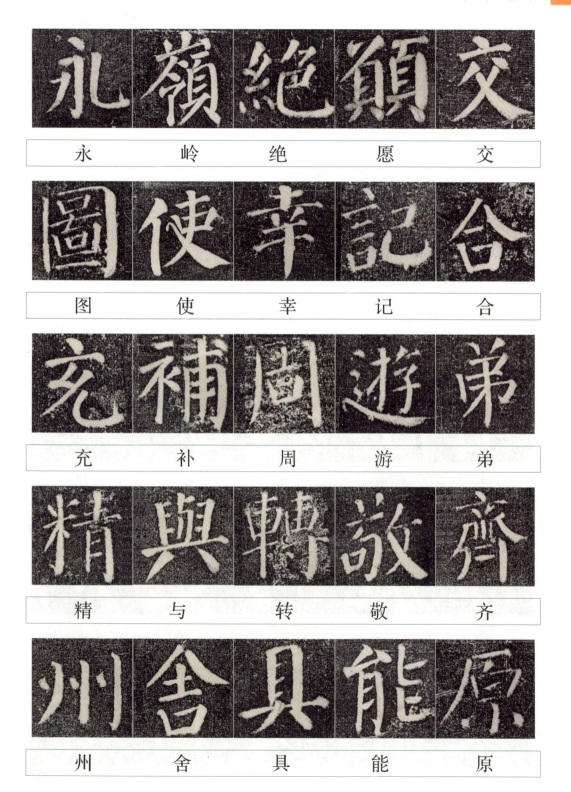

永	岭	绝	愿	交
图	使	幸	记	合
充	补	周	游	弟
精	与	转	敬	齐
州	舍	具	能	原

| 员 | 温 | 礼 | 局 | 叔 |

| 柳 | 童 | 诗 |

（五）部编教材小学语文三年级上册与《颜勤礼碑》对应汉字

| 者 | 男 | 烈 | 调 | 班 |

| 掌 | 庭 | 司 | 追 | 刺 |

| 蒙 | 朝 | 受 | 材 | 实 |

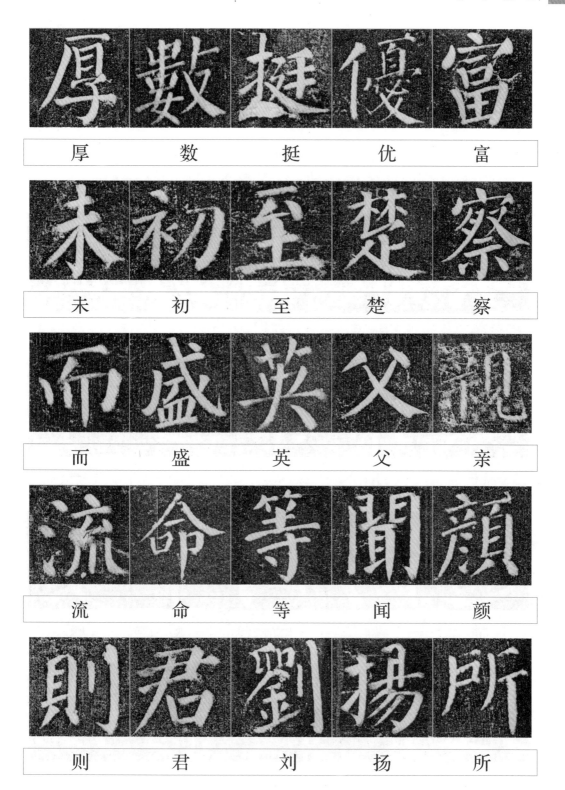

厚	数	挺	优	富
未	初	至	楚	察
而	盛	英	父	亲
流	命	等	闻	颜
则	君	刘	扬	所

读	服	汉

（六）部编教材小学语文三年级下册与《颜勤礼碑》对应汉字

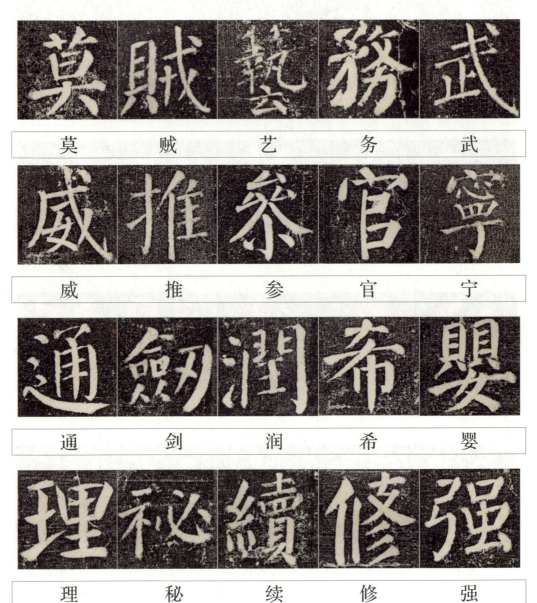

莫	贼	艺	务	武
威	推	参	官	宁
通	剑	润	希	婴
理	秘	续	修	强

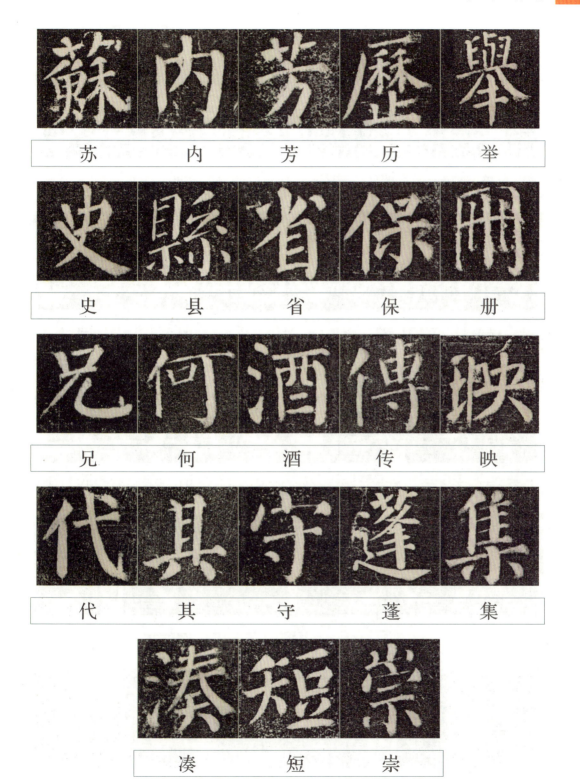

苏	内	芳	历	举
史	县	省	保	册
兄	何	酒	传	映
代	其	守	蓬	集
凑	短	崇		

（七）部编教材小学语文四年级上册与《颜勤礼碑》对应汉字

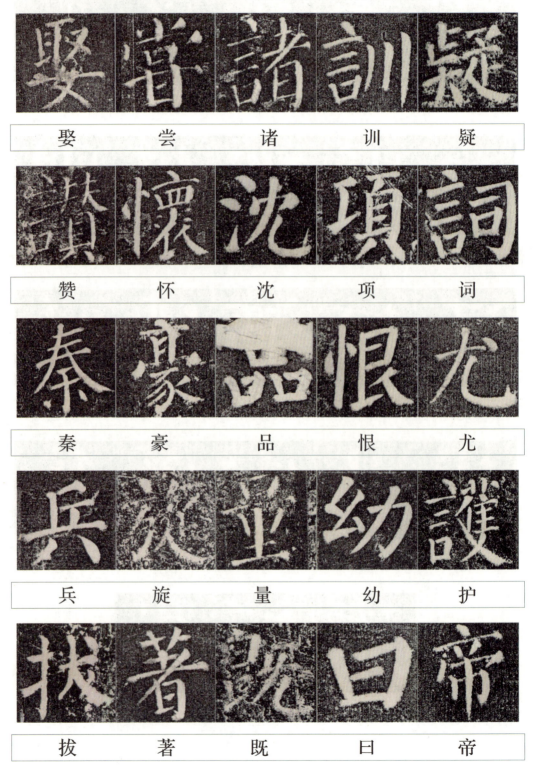

娶	尝	诸	训	疑
赞	怀	沈	项	词
秦	豪	品	恨	尤
兵	旋	量	幼	护
拔	著	既	曰	帝

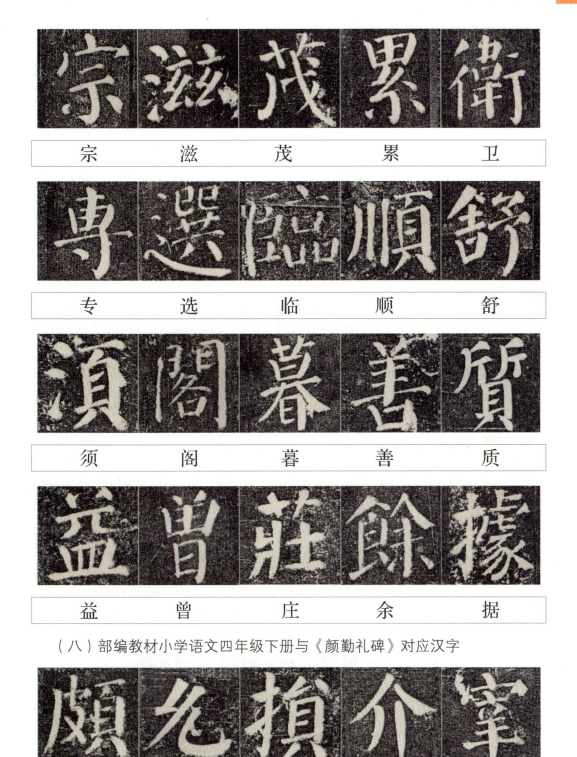

宗	滋	茂	累	卫
专	选	临	顺	舒
须	阁	暮	善	质
益	曾	庄	余	据

（八）部编教材小学语文四年级下册与《颜勤礼碑》对应汉字

颇	允	损	介	宰

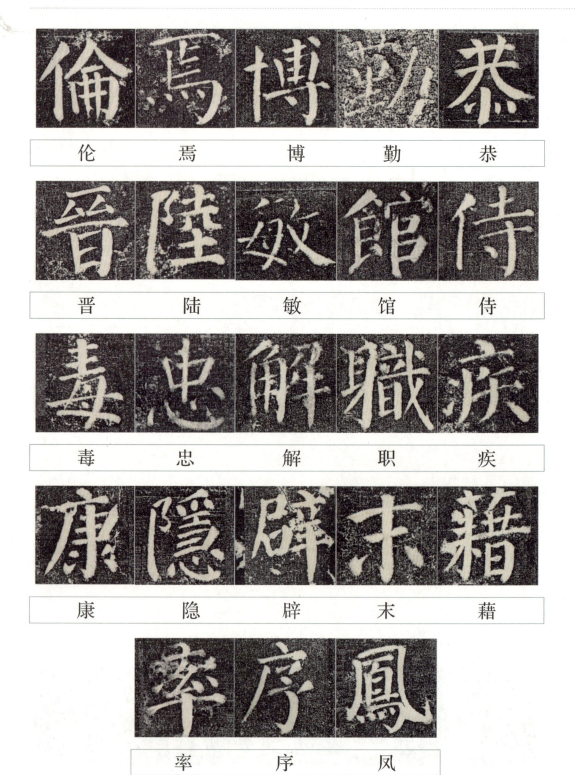

伦	焉	博	勤	恭
晋	陆	敏	馆	侍
毒	忠	解	职	疾
康	隐	辟	末	藉
率	序	凤		

（九）部编教材小学语文五年级上册与《颜勤礼碑》对应汉字

刊	述	皆	诵	谓
逸	怡	孙	考	秀
仁	杀	氏	奉	略
唐	履	杭	乃	祭
郎	延	赤	属	荆

| 典 | 议 | 访 | 兰 | 亭 |

| 澄 | 鹤 | 宜 |

（十）部编教材小学语文五年级下册与《颜勤礼碑》对应汉字

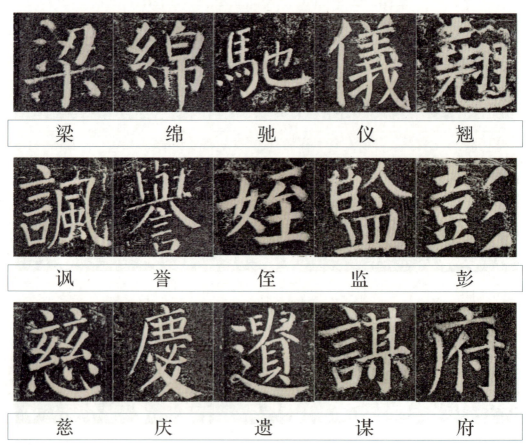

| 梁 | 绵 | 驰 | 仪 | 翘 |

| 讽 | 誉 | 侄 | 监 | 彭 |

| 慈 | 庆 | 遗 | 谋 | 府 |

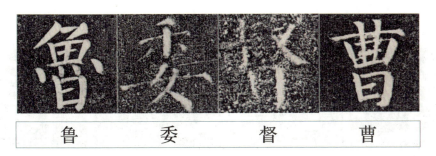

鲁　　委　　督　　曹

（十一）部编教材小学语文六年级上册与《颜勤礼碑》对应汉字

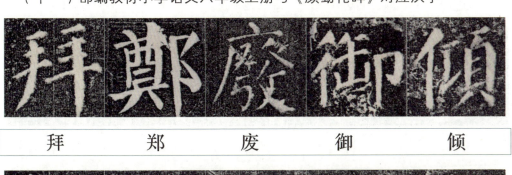

拜　　郑　　废　　御　　倾

摄　　悟　　制　　屈　　宣

德　　雅　　陈

119

（十二）部编教材小学语文六年级下册与《颜勤礼碑》对应汉字

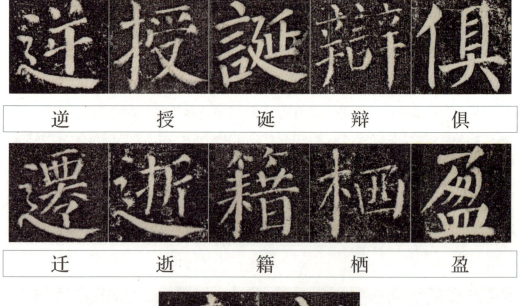

逆	授	诞	辩	俱

迁	逝	籍	栖	盈

素	宫

三、部编教材小学语文 12 册与《颜勤礼碑》对应简、繁字

部编教材小学语文 12 册与《颜勤礼碑》对应简、繁字如表 3-2 所示。

表 3-2　部编教材小学语文 12 册与《颜勤礼碑》对应简、繁字表

年级	册	《颜勤礼碑》对应汉字数量（个）	简体字	数量（个）	繁体字	数量（个）
一	上	56	一、二、三、上、口、手、日、田、山、十、子、人、大、月、天、四、是、女、水、不、小、少、牛、早、林、土、心、中、五、正、在、好、下、有、才、同、自、白、又、和、多、出、工、明	44	東（东）、開（开）、從（从）、學（学）、馬（马）、見（见）、長（长）、書（书）、幾（几）、後（后）、里（裹）、云（雲）	12
	下	75	春、入、姓、王、方、清、字、左、右、主、江、没、以、北、京、各、太、校、金、秋、河、也、居、呼、行、思、光、故、外、晚、真、千、成、古、李、之、相、首、采、直、加、文、平、元、洗、非、常、奇、七、家、都、草、高、美	54	風（风）、國（国）、時（时）、動（动）、萬（万）、門（门）、過（过）、陽（阳）、說（说）、為（为）、鄉（乡）、遠（远）、義（义）、無（无）、經（经）、連（连）、節（节）、進（进）、會（会）、當（当）、幹（干）	21
二	上	64	孩、海、作、法、如、更、群、六、九、友、季、及、并、今、先、事、依、黄、川、南、部、位、升、名、老、城、朗、将、言、道、士、度、令、散、唱、食、神、始、第、公、得、年、于	43	頂（顶）、識（识）、處（处）、畫（画）、勝（胜）、華（华）、輕（轻）、觀（观）、師（师）、軍（军）、論（论）、樓（楼）、業（业）、龍（龙）、張（张）、車（车）、渾（浑）、給（给）、領（领）、獎（奖）、鄰（邻）	21

续表

年级	册	《颜勤礼碑》对应汉字数量（个）	简体字	数量（个）	繁体字	数量（个）
三	下	48	童、柳、原、叔、局、温、能、具、舍、州、精、弟、周、充、合、幸、使、交、永、特、室、遇、安、夫、期、泉、祖、世、功、式、害、定、游、敬	34	詩（诗）、禮（礼）、圖（图）、絕（绝）、記（记）、轉（转）、與（与）、員（员）、齊（齐）、補（补）、願（愿）、嶺（岭）、積（积）、終（终）	14
	上	43	服、君、等、命、父、英、盛、而、察、楚、至、初、未、富、挺、厚、材、受、朝、蒙、刺、追、司、庭、掌、班、烈、男、者、所、流	31	漢（汉）、揚（扬）、劉（刘）、實（实）、調（调）、讀（读）、則（则）、顏（颜）、聞（闻）、優（优）、數（数）、親（亲）	12
	下	43	崇、短、凑、集、蓬、守、其、代、映、酒、何、兄、册、保、省、史、内、强、修、秘、理、希、通、官、推、威、武、莫、芳	29	傳（传）、縣（县）、績（绩）、潤（润）、劍（剑）、寧（宁）、藝（艺）、賊（贼）、嬰（婴）、舉（举）、歷（历）、蘇（苏）、參（参）、務（务）	14
四	上	45	余、曾、益、善、暮、舒、累、茂、滋、宗、帝、曰、既、著、拔、幼、量、旋、兵、尤、恨、品、豪、秦、沈、疑、娶	27	質（质）、閣（阁）、須（须）、臨（临）、選（选）、專（专）、護（护）、詞（词）、項（项）、訓（训）、懷（怀）、衛（卫）、贊（赞）、順（顺）、據（据）、莊（庄）、嘗（尝）、諸（诸）	18
	下	28	序、率、藉、末、辟、康、疾、解、忠、毒、侍、敏、晋、恭、博、焉、宰、允、介、勤	20	鳳（凤）、職（职）、頗（颇）、損（损）、隱（隐）、館（馆）、陸（陆）、倫（伦）	8

年级	册	《颜勤礼碑》对应汉字数量（个）	简体字	数量（个）	繁体字	数量（个）
五	上	33	宜、澄、典、荆、赤、延、郎、祭、乃、杭、履、唐、略、奉、氏、仁、秀、考、怡、逸、皆、述、刊、亭	24	蘭（兰）、訪（访）、議（议）、殺（杀）、孫（孙）、謂（谓）、誦（诵）、鶴（鹤）、屬（属）	9
	下	19	督、委、府、慈、彭、侄、梁、曹	8	謀（谋）、遺（遗）、慶（庆）、監（监）、諷（讽）、儀（仪）、馳（驰）、綿（绵）、魯（鲁）、譽（誉）、翹（翘）	11
六	上	13	雅、屈、宣、悟、拜、德	6	陳（陈）、鄭（郑）、製（制）、攝（摄）、傾（倾）、禦（御）、廢（废）	7
	下	12	宫、素、盈、栖、籍、逝、俱、授、逆	9	遷（迁）、辯（辩）、誕（诞）	3
合计	12册	479		329		150

四、部编教材小学语文 12 册与《颜勤礼碑》对应汉字结构

部编教材小学语文 12 册与《颜勤礼碑》对应汉字结构如表 3-3 所示。

表 3-3　部编教材小学语文 12 册与《颜勤礼碑》对应汉字结构

年级	册	独体字 （95个）	上下结构 （132个）	左右结构 （181个）	半包围结构 （59个）	全包围结构 （2个）	上中下结构 （8个）	左中右结构 （2个）
一	上	一、二、三、上、口、手、日、田、云、山、十、子、人、大、月、里、东、天、四、女、开、水、不、小、少、牛、书、土、心、中、五、正、长、下、才、自、白、又、马、几、出、见、工	是、早、学、多	林、好、从、明、和	在、后、有、同			
	下	人、王、方、万、主、门、太、为、也、乡、千、之、义、首、无、文、平、干、七	春、字、会、各、金、思、当、光、节、真、古、李、采、美、直、元、常、奇、家、草	姓、清、时、动、江、没、以、北、阳、校、秋、河、说、呼、行、故、外、晚、相、加、洗、经、非、都	风、左、右、过、居、成、远、连、进	国	京、高	
二	上	更、六、九、年、及、事、川、升、言、业、士、龙、于、车	季、奖、并、今、先、南、名、华、军、令、食、第、公	顶、孩、海、作、给、法、如、识、群、领、楼、依、部、位、胜、城、观、朗、将、邻、师、论、散、唱、浑、轻、神、始、张、得	处、友、画、老、道、度		黄	
	下	州、与、弟、永、夫、世	童、员、具、舍、齐、充、合、幸、交、室、安、定、泉	诗、柳、叔、礼、温、能、敬、转、精、游、补、记、使、绝、岭、特、积、终、期、祖、功	原、局、愿、遇、周、式	图	害	

124

续表

年级	册	独体字（95个）	上下结构（132个）	左右结构（181个）	半包围结构（59个）	全包围结构（2个）	上中下结构（8个）	左中右结构（2个）
三	上	父、而、未	等、命、亲、英、盛、察、楚、至、富、实、受、蒙、掌、烈、男、者	汉、服、读、所、扬、则、刘、颜、流、初、数、优、挺、材、朝、刺、调	君、闻、追、厚、庭、司			班
三	下	册、史、内、	崇、集、蓬、守、其、兄、省、县、举、芳、苏、婴、希、宁、官、参、务、艺	短、凑、代、映、传、酒、何、保、强、修、续、秘、理、润、剑、推、贼	历、通、武、威		莫	
四	上	专、卫、曰、尤	余、曾、益、善、累、茂、暮、宗、帝、著、兵、品、豪、秦、赞、娶	据、须、舒、顺、滋、临、既、拔、护、幼、旋、恨、词、项、沈、怀、疑、训、诸	庄、质、阁、选		量	
四	下	末	藉、忠、毒、晋、恭、焉、宰、介、允	辟、隐、职、解、颇、侍、馆、敏、陆、勤、博、伦、损	凤、序、康、疾		率	
五	上	氏、乃	皆、秀、杀、奉、祭、赤、典、兰、宜	刊、诵、谓、怡、孙、仁、略、杭、郎、荆、议、访、澄、鹤	述、逸、考、唐、履、延、属		亭	
五	下		梁、誉、监、慈、鲁、委、督、曹	绵、驰、仪、讽、伾、彭、谋	翘、遗、府			

续表

年级	册	独体字 （95个）	上下结构 （132个）	左右结构 （181个）	半包围结构 （59个）	全包围结构 （2个）	上中下结构 （8个）	左中右结构 （2个）
六	上		宣	拜、郑、御、倾、摄、悟、制、德、雅、陈	废、屈			
	下		籍、盈、素、宫	授、诞、俱、栖	逆、迁、逝			辩

第四章　赵体

第一节　赵孟頫简介

赵孟頫（1254—1322年），字子昂，号松雪道人、水精宫道人，中年曾作孟俯，浙江吴兴（今湖州市）人，南宋晚期至元朝初期书法家、画家、诗人，宋太祖赵匡胤十一世孙、秦王赵德芳嫡派子孙。

赵孟頫于南宋末年曾任真州司户参军，宋亡后隐居不仕。元至元二十三年（1286年），赵孟頫经行台侍御史程钜夫举荐，赶赴大都（今北京），受元世祖赏识，授兵部郎中。此后，他历任集贤直学士、济南路总管府事、江浙等处儒学提举、翰林侍读学士等职，累官至翰林学士承旨、荣禄大夫。元世祖、元武宗、元仁宗、元英宗皆对他加以礼敬。他在晚年逐渐隐退，于元延祐六年（1319年）借病乞归。元至治二年（1322年），赵孟頫逝世，被追赠江浙中书省平章政事，被追封魏国公，谥号"文敏"，故称"赵文敏"。

赵孟頫博学多才，能诗善文，通经济之学，精绘画，工书法，通律吕。在绘画上，他开创元代新画风，被称为"元人冠冕"。其绘画取材广泛，技法全面，山水、人物、花鸟无不擅长。其书法取法钟繇、"二王"（王羲之、王献之）、李邕、赵构等，擅长篆、隶、楷、行、草诸体，尤以楷书、行书著称。其书风遒媚、秀逸，结体严整，笔法圆熟。其创立了"赵体"，与欧阳询、颜真卿、柳公权并称"楷书四大家"。此外，赵孟頫倡导师法古人，强调"书画同源"，其绘画、书法以及画学思想对后世影响深远。

一、人物生平

（一）宋室之后

赵孟頫于宋宝祐二年九月十日（1254年10月20日）生于浙江吴兴，为宋太祖之子秦王赵德芳之后。其五世祖为秀安僖王赵子偁，其四世祖为崇宪靖王赵伯圭。他的曾祖赵师垂、祖父赵希戬、父亲赵与訔皆仕于南宋。后来，元朝追赠赵师垂为集贤侍读学士，赵希戬为太常礼仪院使、吴兴郡公，赵与訔为集贤大学士、魏国公。赵孟頫为赵与訔第七子。他在11岁时，父亲去世，由生母督学。

赵孟頫自幼聪敏，读书过目不忘，下笔成文，写字运笔如风。14岁时，赵孟頫因其家世代为官亦入补官爵，并通过吏部选拔官员的考试，任真州司户参军。

南宋灭亡后，赵孟頫一度蛰居在家。其母亲丘氏说："圣朝必收江南才能之士而用，你不多读书，如何超乎常人？"他因而愈加努力，拜敖继公为师，研习经义，学业日进，声誉卓著。吏部尚书夹谷之奇举荐赵孟頫为翰林国史院编修官，但他辞不赴任。

（二）元朝重用

元至元二十三年（1286年），元朝行台侍御史程钜夫奉诏搜访隐居于江南的宋代遗臣，得20余人，赵孟頫名列其首，并单独被召入宫，觐见元世祖忽必烈。忽必烈见赵孟頫才气惊人，神采焕发，非常高兴，便让他坐于右丞叶李之上。当时朝廷刚刚设立尚书省，忽必烈命赵孟頫起草诏书，颁布天下。忽必烈看了诏书后称赞道："说出了朕心中所要说的话。"朝廷召集百官于刑部，商讨刑法的制定。众人认为凡贪赃满至元通行宝钞200贯者，都应论死罪。赵孟頫则认为处罚太重，因为在钞法创立后的几十年内，至元通行宝钞已大幅度贬值，不应用其来决定人的生死。有人见他年少，又是来自南方，不了解元朝国情，指责他反对以至元通行宝钞来定罪，是想阻碍至元通行宝钞的通行。赵孟頫也理直气壮地反驳，指出："刑法关系到人的生死，必须分清轻重。我奉诏参与商议，不敢不言。你不讲道理，企图以势压人，这是不行的！"那人被说得哑口无言。之后，忽必烈打算重用赵孟頫，但遭到了一些人的阻止。

元至元二十四年（1287年）六月，忽必烈授赵孟頫为兵部郎中。兵部总管全国驿站，当时来往使臣的饮食费用比过去增加了几十倍，当地官府无力供给，只有强取于民，百姓不堪其扰，请中书省以增加钞币来解决。但当时至元通行宝钞不能通行，朝廷派尚书刘宣与赵孟頫一同至江南查办行省丞相贯彻执行钞法不力之罪，左右司官及诸路官均遭鞭打，赵孟頫却不打一人。回京后，丞相桑哥对他的这种宽容大加谴责。

当时，王虎臣揭发了平江路总管赵全的违法事实，于是朝廷命王虎臣前去查处。叶李坚持奏请不可派王虎臣，忽必烈不听。赵孟頫进言："赵全违法确实应该问罪，但王虎臣以前在平江也常常强买民田，纵容下属臣僚奸诈营利。赵全曾多次与他争斗，王虎臣怀恨在心。如今派王虎臣去，他必然陷害赵全。纵然查出赵全不法事实，人们也不能不有所怀疑。"忽必烈这才明白过来，改派他人去处理。

元至元二十七年（1290年），赵孟頫升任集贤直学士。同年，发生地震，大都

（今北京）尤其剧烈，死伤数十万人，忽必烈为之忧心如焚。当时忽必烈驻扎在龙虎台不能及时返回，便派遣阿鲁浑萨理回京，召集官员了解详情。但这些官员害怕丞相桑哥，不敢说实话，只以修人事、应天变来回答，不敢触及时政。在此前，桑哥遣忻都及王济清理全国钱粮，大加搜刮，弄得民不聊生，百姓相继自杀。逃入山林的人被官府发兵追捕，无人敢来劝阻。赵孟頫与阿鲁浑萨理关系较好，劝他去奏请忽必烈大赦天下，免除赋税，这样就可能消弭天灾。阿鲁浑萨理按照赵孟頫的意见向忽必烈奏禀，并得到忽必烈的允许。诏书已经草拟完，但桑哥大怒，说这不是忽必烈的旨意。赵孟頫挺身而出，对桑哥说："百姓已死尽，那些未征上来的钱粮到哪里去征？若不及时免除，以后若有人将此未征之数千万钱粮作为损失而归咎于尚书省，这岂不连累了丞相？"桑哥明白其利害，同意免除赋税，百姓因而得救。

后来，在赵孟頫的劝说下，奉御彻里向忽必烈斥责桑哥罪行，大臣也相继指责桑哥，于是忽必烈将桑哥按罪诛杀，并废除尚书省，凡有罪的大臣也统统被罢官。

忽必烈有意让赵孟頫参与中书省政事，赵孟頫却坚决不肯。他认为，久在君王身边，必受人嫉妒，故极力请求到外地任职。

元至元二十九年（1292年），赵孟頫外出任同知济南路总管府事。当地有个叫元掀儿的人在盐场服役，因不胜艰苦而逃走。他的父亲诬告是同服劳役的人将元掀儿杀害。赵孟頫怀疑其中有冤情，未立即判决。1个月后，元掀儿自己回归盐场。郡中人都称赞赵孟頫料事如神。金廉访司事韦哈剌哈孙性情暴虐，因赵孟頫不顺他的意，借口中伤他。恰逢朝廷要修《世祖实录》，召赵孟頫还京，这才无事。其后，赵孟頫被改授汾州知州，还未成行，朝廷又令他书写金字《藏经》。

元大德三年（1299年）八月，赵孟頫任集贤直学士、江浙等处儒学提举。

元至大二年（1309年），赵孟頫担任江浙儒学提举期满，改任中顺大夫、扬州路泰州尹兼劝农事，尚未赴任，被皇太子爱育黎拔力八达（元仁宗）遣使所召。

（三）深受宠遇

元至大三年（1310年），朝廷召赵孟頫回京师，授其翰林侍读学士、知制诰、同修国史，命其与其他学士共同撰写祀南郊祝文。在拟定殿名的问题上，赵孟頫与其他人意见不合，告假还乡。

元皇庆二年（1313年）六月，赵孟頫任翰林侍讲学士、知制诰、同修国史。十月，他转集贤侍读学士、正奉大夫。

元延祐元年（1314年）十二月，赵孟頫升任集贤侍讲学士、资德大夫。

元延祐三年（1316 年）七月，赵孟頫拜翰林学士承旨、荣禄大夫，任知制诰，兼修国史，用一品例，推恩三代。

元仁宗（爱育黎拔力八达）待他甚厚，只呼其字而不呼其名，在与侍臣谈论文学之士时，将赵孟頫比作唐代李白、宋代苏轼，称赞他品行端正、博学多闻、书画绝伦，又精通佛学及老庄之学，这些都是其他人所不及的。不乐意的人想离间爱育黎拔力八达与赵孟頫的关系，爱育黎拔力八达却不予理会。既而有人上书，说赵孟頫不能参与编修国史。爱育黎拔力八达说："赵子昂（赵孟頫）是世祖皇帝选拔的重臣，朕特加优待，让他在馆阁从事著述，传之后世，你们还啰唆些什么？"同时，他赐赵孟頫钞 500 锭，叮嘱侍臣："中书总说国用不足，他们必不肯付出这笔赏金，可从普庆寺库存中支给。"赵孟頫曾数月不至宫中，爱育黎拔力八达向左右侍从询问，都说赵孟頫年老畏寒，于是爱育黎拔力八达赐他貂鼠皮裘。

（四）借病乞归

元延祐六年（1319 年）四月，因管夫人病发，赵孟頫得旨还家，于二十五日离开大都（今北京）。五月十日，管夫人逝于临清舟中，赵孟頫父子护柩还吴兴。同年冬，爱育黎拔力八达又遣使催赵孟頫回朝，但赵孟頫因病未能成行。

元至治元年（1321 年），元英宗硕德八剌遣使到赵孟頫家中，命他书写《孝经》。

（五）安然逝世

元至治二年（1322 年）春，硕德八剌遣使到吴兴问候赵孟頫，并赐礼物。同年六月十六日，赵孟頫病逝，享年六十九岁。逝世之日，赵孟頫仍观书作字，谈笑如常，至黄昏逝世。九月十日，赵孟頫与管夫人合葬于德清县千秋乡东衡山。后赵孟頫被追赠江浙中书省平章政事，被追封魏国公，谥号"文敏"。

二、主要成就

（一）绘画

1.地位

研究中国绘画史，赵孟頫是一个不能绕开的人物。

如果说唐宋绘画的意趣在于以文学化造境，那么赵孟頫在其中起到了纽带作用。如果说元以前的文人画运动主要表现为舆论上的准备，元以后的文人画运动使文人画逐渐成为画坛的主流，那么引发这种变化的人仍是赵孟頫。

作为一位变革转型时期承前启后的大家，赵孟頫有以下几方面突出的成就：

（1）他提出"作画贵有古意"的口号，扭转了北宋以来古风渐湮的画坛颓势，使绘画从工艳琐细转向质朴自然。

（2）他提出"云山为师"的口号，强调画家的写实基本功与实践技巧，克服"墨戏"的陋习。

（3）他提出"书画本来同"的口号，以书法入画，使绘画的文人气质更加浓厚。

（4）他提出"不假丹青笔，何以写远愁"的口号，以画寄意，使绘画的功能得到深化和扩展。

（5）他在人物、山水、花鸟等画科皆有成就，画艺全面，并有创新。

（6）他的绘画兼有诗、书、印之美，相得益彰。

（7）他在南北一统的政治形势下，吸收南北绘画之长，复兴中原传统画艺，促进了其发展。

（8）他能团结包括高克恭、康里巎等在内的少数民族画家和书法家，共同繁荣中华文化。

2.审美标准

综观赵孟𫖯的绘画作品（图 4-1—图 4-4），并结合其相关论述，可以知道，赵孟𫖯通过批评"近世"、倡导"古意"，确立了元代绘画艺术的审美标准。这个标准不仅体现在绘画上，还广泛地渗透于诗文、书法、篆刻等领域。

图 4-1　赵孟𫖯《秋郊饮马图》

图 4-2　赵孟頫《二羊图》

图 4-3　赵孟頫《人骑图》

图 4-4　赵孟頫《红衣罗汉》

3. 提倡古意

历史上每当沧桑变易，文化颇易失范，人们总是以史为鉴，从历史中寻找医时救弊的良方，如孔子的"克己复礼"、魏晋"竹林七贤"的返璞归真、唐宋的"古文运动"等，重视传统成为中国文化的特色之一。赵孟頫提倡"古意"的出发点亦不例外，他引晋唐为法鉴，批评南宋险怪霸悍和琐细浓艳之风。不仅如此，作为一位士大夫画家，他还一反北宋以来文人画的墨戏态度，这是十分可贵的。赵孟頫既保护了文人画的趣味性，又摈弃了文人画的游戏态度，还创造了文人画特有的表现形式，从而确立了文人画在画坛中的地位。从此，一个以文人画家为主角、以建构文人画图式为主题的绘画新时代拉开了序幕。

4. 转化

赵孟頫的山水画不但将钩斫和渲淡、丹青和水墨、重墨和重笔、师古和创新、高逸的士大夫气息与散逸的文人气息融为一体，使"游观山水"向"抒情山水"转化，而且使造境与写意、诗意化与书法化在绘画中得到调和，为以诗意化、书法化抒发隐逸之情的逸格文人画的出现奠定了坚实的基础。

5. 弟子众多

赵孟頫的弟子众多，有唐棣、朱德润、陈琳、商琦、王渊、姚彦卿等，这些弟子在不同程度上继承、发扬了赵孟頫的美学观点，使元代文人画久盛不衰，在中国绘画史上留下了绮丽的篇章。

（二）书法

1. 楷书大家

赵孟頫为中峰明本禅师的弟子，其精通音乐和书画，擅长鉴定古器物，而且其诗清邃奇逸，篆、隶、楷、草书等俱佳，以楷书、行书造诣最深、影响最广。在篆书方面，他学石鼓文、诅楚文；在隶书方面，他学梁鹄、钟繇；在草书方面，他学王羲之、王献之，并在继承传统上下功夫。后世有人将其与欧阳询、颜真卿、柳公权并称为"楷书四大家"。

2. 书论高深

赵孟頫在中国书法艺术史上有着不可忽视的地位。他在书法上的贡献不仅在于他的书法作品，还在于他的书论。他有不少关于书法的精辟见解。比如，他在《定武兰亭十三跋》中说"学书在玩味古人法帖，悉知其用笔之意，乃为有益。"这可以给予人们启示。

3.传世书法作品

赵孟頫的传世书法作品较多，有《洛神赋》《道德经》《胆巴碑》《玄妙观重修三门记》等。

三、人物评价

赵孟頫博学多艺，在文学、艺术方面开创一代风气。其经学主治《尚书》，尤精礼乐之学，著有《琴原》《乐原》各一篇；其隶书学梁鹄、钟繇，草书学王羲之、王献之，晚年又受李邕影响，各种书体冠绝古今。

赵孟頫的诗赋及文章清邃高古，读来往往使人有飘然出世之感。在元至元年间的诗人中，赵孟頫与戴表元等一起力扫南宋遗留的卑弱习气。他善于融篆籀之法于绘画之中，而且擅长画竹石、人马、山水、花鸟，无疑是一代画坛领袖。此外，他还精于古器物、书法作品、名画的鉴定。

四、墓葬纪念

赵孟頫墓位于浙江省湖州市德清县洛舍镇东衡村戏台山南。此墓为赵孟頫及其夫人管道升的合葬墓，为石棺双室墓，墓穴距地下约1.5米、长3米、宽2.6米，墓前有石马一匹、石朝官二尊。

元延祐六年（1319年），管道升下葬于此。元至治二年（1322年），赵孟頫卒，与管道升合葬。同年秋，赵孟頫被追封魏国公，因此墓地规模扩大。

1915年，德清县新编县志总纂程森加土修理赵孟頫墓，立墓碑。1992年，当地政府发现地下墓穴。1992年8月，赵孟頫墓被列为县级文物保护单位。1993年，德清县人民政府修复墓地。

2013年5月，赵孟頫墓被国务院核定为全国重点文物保护单位。同年，当地政府对墓周边进行了绿化，将墓前的石人、石马重新安放，并为泥沙地铺上了大理石。

第二节 《胆巴碑》简介

《胆巴碑》全称《大元敕赐龙兴寺大觉普慈广照无上帝师之碑》，为中国元代书画家赵孟頫的碑书墨迹，如图4-5所示。碑稿为纸本，楷书，记述了帝师胆巴的生平事迹，是赵孟頫奉元仁宗命书写的碑文，在《南阳法书表》《式古堂书画汇考》《壬寅销夏录》《三虞堂书画目》等书中均有著录。

图 4-5 《胆巴碑》局部之一

《胆巴碑》书于延祐三年（1316年），其点画顾盼有致，用笔遒美峻拔（图4-6），为赵孟頫晚年楷书代表作。碑文后有姚元之、杨岘、李鸿裔、潘祖荫、王颂蔚、王懿荣、盛昱、杨守敬题跋，并钤有许乃普、叶恭绰等收藏印记，现藏于北京故宫博物院。

图4-6 《胆巴碑》局部之二

一、碑文

大元敕赐龙兴寺大觉普慈广照无上帝师之碑

集贤学士资德大夫臣赵孟頫奉敕撰并书篆。

皇帝即位之元年，有诏：金刚上师胆巴，赐谥大觉普慈广照无上帝师，敕臣孟頫为文并书，刻石大都寺。五年，真定路龙兴寺僧迭凡八奏。师本住其寺，乞刻石寺中。

复敕臣孟頫为文并书。臣孟頫预议，赐谥大觉以言乎师之体，普慈以言乎师之用，广照以言慧光之所照临，无上以言为帝者师。既奏，有旨：于义甚当。

谨按：师所生之地曰突甘斯旦麻，童子出家，事圣师绰理哲哇为弟子，受名胆巴。梵言胆巴，华言微妙。先受秘密戒法，继游西天竺国，偏参高僧，受经律论。繇是深入法海，博采道要，显密两融，空实兼照，独立三界，示众标的。

至元七年，与帝师巴思八俱至中国。

帝师者，乃圣师之昆弟子也。帝师告归西蕃，以教门之事属之于师，始于五台山建立道场，行秘密咒法，作诸佛事，祠祭摩诃伽剌。持戒甚严，昼夜不懈，屡彰神异，赫然流闻。

自是德业隆盛，人天归敬。武宗皇帝、皇伯晋王及今皇帝、皇太后皆从受戒法，下至诸王将相贵人，委重宝为施身，执弟子礼，不可胜纪。

龙兴寺建于隋世，寺有金铜大悲菩萨像。五代时契丹入镇州，纵火焚寺，像毁于火，周人取其铜以铸钱。宋太祖伐河东，像已毁，为之叹息。僧可传言，寺有复兴之谶。于是为降诏复造，其像高七十三尺，建大阁三重以覆之。旁翼之以两楼，壮丽奇伟，世未有也。繇是龙兴遂为河朔名寺。方营阁，有美木自五台山颓龙河流出，计其长短小大多寡之数，与阁材尽合，诏取以赐。僧惠演为之记。

师始来东土，寺讲主僧宣微大师普整、雄辩大师永安等，即礼请师为首住持。

元贞元年正月，师忽谓众僧曰：将有圣人兴起山门。即为梵书奏徽仁裕圣皇太后，奉今皇帝为大功德主，主其寺。复谓众僧曰：汝等继今，可日讲《妙法莲华经》，孰复相代，无有已时。用召集神灵拥护圣躬，受无量福。香华果饵之费，皆度我私财。且预言圣德有受命之符。

至大元年，东宫既建，以旧邸田五十顷赐寺为常住业。师之所言，至此皆验。

大德七年，师在上都弥陁院入般涅槃，现五色宝光，获舍利无数。

皇元一统天下，西蕃上师至中国不绝，操行谨严具智慧神通，无如师者。臣孟頫为之颂曰：师从无始劫，学道不退转。

十方诸如来，一一所受记。来世必成佛，住娑婆世界。演说无量义，身为帝王师。度脱一切众，黄金为宫殿。

七宝妙庄严，种种诸珍异。供养无不备，建立大道场。

邪魔及外道，破灭无踪迹。

法力所护持，国土保安静。皇帝皇太后，寿命等天地。王宫诸眷属，下至于含生。归依法力故，皆证佛菩提。成就众善果，获无量福德。臣作如是言，传布于十方。下及未来世，赞叹不可尽。

延祐三年□月立石。

二、鉴赏

《胆巴碑》全名为《大元敕赐龙兴寺大觉普慈广照无上帝师之碑》，纸本，赵孟頫奉敕书于元延祐三年（1316年）。其通篇一气呵成，点画精纯，无一笔有懈怠之气。

从整篇看，《胆巴碑》基本继承了王羲之、王献之的笔法，而在用笔上明显多了沉着痛快之意。其开篇部分基本是纯正的大楷，篇末则间杂少量行草，这一方面显示了整个创作从规矩到自由的变化，另一方面解决了楷书易流于板结平淡的弊端。

其字形开张舒展，点画精到沉着、神完气足。

其用笔虽无大起大落，但颇具变化，以平和之态予以微妙表现，可谓平中见奇。

其结体取法李北海，楷书中带有行书体态，字形扁方，撇捺开张，结构均匀，疏密合度，行笔提按幅度不大，平顺流畅，丰润婉通，于规整庄重中见潇洒超逸，达到了"精奥神化"之境界，给人以赏心悦目的感觉。

此外，《胆巴碑》的用墨浓淡相宜。

第三节　部编教材小学语文 12 册与《胆巴碑》对应汉字

一、部编教材小学语文 12 册与《胆巴碑》对应汉字表

部编教材小学语文 12 册与《胆巴碑》对应汉字如表 4-1 所示。

表 4-1　部编教材小学语文 12 册与《胆巴碑》对应汉字表

年级	册	课本生字数量（个）	《胆巴碑》对应汉字数量（个）	比例	《胆巴碑》对应汉字
一	上	100	47	47.00%	一、三、上、日、田、火、山、八、十、子、人、大、月、可、东、西、天、是、来、不、小、果、书、尺、本、木、土、力、中、五、立、正、在、后、我、长、巴、下、有、从、学、自、的、用、石、多、出
	下	200	55	27.50%	人、国、王、方、请、生、时、主、住、以、门、广、种、太、金、为、河、说、也、地、当、讲、行、思、光、故、色、外、真、高、兴、成、造、香、身、体、之、相、义、首、采、无、台、美、文、元、已、经、要、常、空、奇、七、家、都

年级	册	课本生字数量（个）	《胆巴碑》对应汉字数量（个）	比例	《胆巴碑》对应汉字
二	上	250	47	18.80%	两、就、海、作、法、如、铜、壮、深、归、年、然、及、并、今、先、事、楼、依、尽、黄、照、位、名、胜、迹、丽、华、现、起、利、将、夜、言、道、业、师、士、度、龙、论、切、旁、神、始、场、路
	下	250	42	16.80%	童、礼、息、具、甘、像、舍、州、敬、转、钱、与、财、般、灵、弟、教、游、周、合、记、告、伯、刻、突、莲、绝、含、永、安、定、夫、破、整、布、祖、世、界、功、复、觉、此
三	上	250	30	12.00%	静、所、院、闻、等、命、刚、流、备、盛、至、未、数、宝、贵、严、实、显、材、妙、演、奏、受、重、忽、乎、众、持、养、者
	下	250	41	16.40%	融、惠、短、集、佛、宋、其、代、传、叹、旧、符、独、异、伟、保、验、赵、计、且、智、慧、寿、示、昆、建、麻、提、继、秘、密、胆、理、普、通、参、退、必、武、镇、取
四	上	250	32	12.80%	庄、按、即、证、纪、善、降、阁、费、操、临、宗、帝、曰、悲、既、获、福、踪、护、量、甚、脱、预、雄、赞、凡、诸、翼、拥、灭、戒
	下	250	5	2.00%	供、晋、劫、博、颖
五	上	220	20	9.09%	婆、绰、召、臣、议、属、珍、延、祭、乃、皇、毁、统、奉、仁、哇、寺、律、谓、皆
	下	180	10	5.56%	昼、委、私、摩、施、慈、眷、圣、斯、纵

年级	册	课本生字数量（个）	《胆巴碑》对应汉字数量（个）	比例	《胆巴碑》对应汉字
六	上	180	5	2.78%	微、德、宣、隆、资
	下	120	9	7.50%	旦、宫、覆、焚、魔、执、标、俱、辩
合计	12册	2 500	343	13.72%	

二、部编教材小学语文 12 册与《胆巴碑》对应汉字图

（一）部编教材小学语文一年级上册与《胆巴碑》对应汉字

一	三	上	日	田
火	山	八	十	子
人	大	月	可	东

西	天	是	来	不
小	果	书	尺	本
木	土	力	中	五
立	正	在	我	长
巴	下	有	从	自

的	用	石	出	学

多	后

（二）部编教材小学语文一年级下册与《胆巴碑》对应汉字

入	国	王	方	请

时	主	住	以	门

广	种	太	金	为

河	说	也	地	当
讲	行	思	光	故
家	色	外	真	高
兴	成	造	香	身
体	之	相	义	首

采	无	美	文	元
已	经	要	空	七
都	台	台	常	奇

生

（三）部编教材小学语文二年级上册与《胆巴碑》对应汉字

名	现	两	就	海

作	法	如	铜	壮
然	及	并	今	先
楼	依	尽	黄	照
位	胜	迹	起	利
将	夜	神	言	道

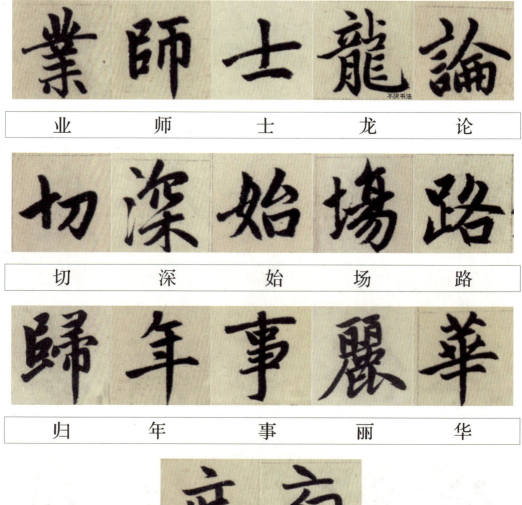

业	师	士	龙	论

切	深	始	场	路

归	年	事	丽	华

度	旁

（四）部编教材小学语文二年级下册与《胆巴碑》对应汉字

童	礼	息	具	像

舍	州	敬	转	钱
与	与	财	般	灵
教	游	周	合	记
告	伯	刻	突	莲
绝	含	永	安	定

夫	破	整	祖	世
界	功	复	布	觉

此	弟	甘

（五）部编教材小学语文三年级上册与《胆巴碑》对应汉字

所	院	闻	刚	宝
流	备	盛	至	未

数	显	材	演	奏
受	重	忽	众	持
者	静	等	命	养
贵	严	实	妙	乎

（六）部编教材小学语文三年级下册与《胆巴碑》对应汉字

融	惠	短	集	宋

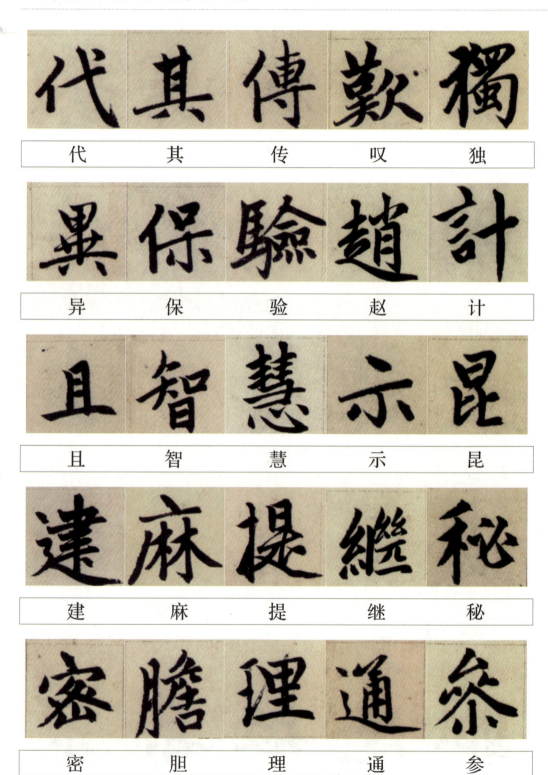

代	其	传	叹	独
异	保	验	赵	计
且	智	慧	示	昆
建	麻	提	继	秘
密	胆	理	通	参

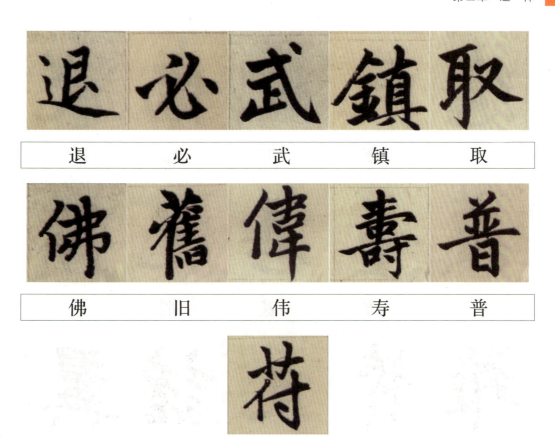

退	必	武	镇	取

佛	旧	伟	寿	普

符

（七）部编教材小学语文四年级上册与《胆巴碑》对应汉字

庄	按	证	纪	善

阁	操	临	宗	曰

悲	既	获	福	踪

护	量	甚	脱	预

雄	赞	凡	诸	翼

拥	灭	戒	即	降

费	帝

（八）部编教材小学语文四年级下册与《胆巴碑》对应汉字

| 供 | 晋 | 劫 | 博 | 颊 |

（九）部编教材小学语文五年级上册与《胆巴碑》对应汉字

| 婆 | 绰 | 召 | 臣 | 议 |

| 属 | 延 | 祭 | 乃 | 皇 |

| 毁 | 奉 | 仁 | 哇 | 寺 |

| 律 | 谓 | 皆 | 统 | 珍 |

（十）部编教材小学语文五年级下册与《胆巴碑》对应汉字

| 纵 | 昼 | 委 | 私 | 摩 |

| 施 | 慈 | 眷 | 圣 | 斯 |

（十一）部编教材小学语文六年级上册与《胆巴碑》对应汉字

| 微 | 德 | 宣 | 隆 | 资 |

（十二）部编教材小学语文六年级下册与《胆巴碑》对应汉字

| 焚 | 覆 | 宫 | 旦 | 魔 |

| 执 | 标 | 俱 | 辩 |

三、部编教材小学语文 12 册与《胆巴碑》对应简、繁字

部编教材小学语文 12 册与《胆巴碑》对应简、繁字如表 4-2 所示。

表 4-2　部编教材小学语文 12 册与《胆巴碑》对应简、繁字表

年级	册	《胆巴碑》对应汉字数量（个）	简体字	数量（个）	繁体字	数量（个）
一	上	47	一、三、上、日、田、火、山、八、十、子、人、大、月、可、西、天、是、不、小、果、尺、本、木、土、力、中、五、立、正、在、我、巴、下、有、自、的、用、石、多、出	40	東（东）、書（书）、長（长）、學（学）、從（从）、來（来）、後（后）	7
	下	55	入、王、方、生、主、住、以、太、金、河、也、地、行、思、光、故、色、外、真、高、成、造、香、身、之、相、首、采、美、文、元、已、要、常、空、奇、七、家、都	39	國（国）、請（请）、時（时）、門（门）、廣（广）、種（种）、為（为）、說（说）、當（当）、講（讲）、興（兴）、體（体）、義（义）、無（无）、臺（台）、經（经）	16

年级	册	《胆巴碑》对应汉字数量（个）	简体字	数量（个）	繁体字	数量（个）
二	上	47	两、就、海、作、法、如、深、年、然、及、并、今、先、事、依、黄、照、位、名、迹、起、利、夜、言、道、士、度、切、旁、神、始、路	32	銅（铜）、壯（壮）、歸（归）、樓（楼）、盡（尽）、勝（胜）、麗（丽）、華（华）、現（现）、將（将）、業（业）、師（师）、龍（龙）、論（论）、場（场）	15
	下	42	童、息、具、甘、像、舍、州、敬、般、弟、教、游、周、合、告、伯、刻、突、含、永、安、定、夫、破、整、布、祖、世、界、功、此	31	禮（礼）、轉（转）、錢（钱）、與（与）、財（财）、靈（灵）、記（记）、蓮（莲）、絕（绝）、復（复）、覺（觉）	11
三	上	30	静、所、院、等、命、流、盛、至、未、材、妙、演、奏、受、重、忽、乎、持、者	19	聞（闻）、剛（刚）、備（备）、數（数）、寶（宝）、貴（贵）、嚴（严）、實（实）、顯（显）、眾（众）、養（养）	11
	下	41	融、惠、短、集、佛、宋、其、代、符、异、保、且、智、慧、示、昆、建、麻、提、秘、密、理、普、通、退、必、武、取	28	傳（传）、嘆（叹）、舊（旧）、獨（独）、偉（伟）、驗（验）、趙（赵）、計（计）、壽（寿）、繼（继）、膽（胆）、參（参）、鎮（镇）	13
四	上	32	按、即、善、降、操、宗、帝、曰、悲、既、福、踪、量、甚、脱、雄、凡、翼、戒	19	莊（庄）、證（证）、紀（纪）、閣（阁）、費（费）、臨（临）、獲（获）、護（护）、預（预）、贊（赞）、諸（诸）、擁（拥）、滅（灭）	13
	下	5	供、晋、劫、博	4	頗（颇）	1
五	上	20	婆、召、臣、珍、延、祭、乃、皇、毁、奉、仁、哇、寺、律、皆	15	綽（绰）、議（议）、屬（属）、統（统）、謂（谓）	5
	下	10	委、私、摩、施、慈、眷、斯	7	晝（昼）、聖（圣）、縱（纵）	3

续表

年级	册	《胆巴碑》对应汉字数量（个）	简体字	数量（个）	繁体字	数量（个）
六	上	5	微、德、宣、隆	4	资（资）	1
	下	9	旦、宫、覆、焚、魔、俱	6	执（执）、標（标）、辩（辩）	3
合计	12册	343		244		99

四、部编教材小学语文 12 册与《胆巴碑》对应汉字结构

部编教材小学语文 12 册与《胆巴碑》对应汉字结构如表 4-3 所示。

表 4-3　部编教材小学语文 12 册与《胆巴碑》对应汉字结构

年级	册	独体字（81个）	上下结构（104个）	左右结构（127个）	半包围结构（27个）	全包围结构（1个）	上中下结构（2个）	左中右结构（1个）
一	上	一、三、上、日、田、火、山、八、十、子、人、大、月、东、西、天、来、不、小、果、书、尺、本、木、土、力、中、五、立、正、我、长、巴、下、自、用、石、出	是、学、多	从、的	可、在、后、有			
	下	人、王、方、生、主、门、广、太、为、也、身、之、义、首、无、文、已、七	金、光、兴、台、要、奇、家、思、色、香、美、常、当、真、采、元、空、经	请、以、说、行、体、时、种、地、故、都、住、河、讲、外、相	成、造	国	高	

159

续表

年级	册	独体字（81个）	上下结构（104个）	左右结构（127个）	半包围结构（27个）	全包围结构（1个）	上中下结构（2个）	左中右结构（1个）
二	上	两、年、及、事、言、业、士、龙	然、并、今、先、黄、尽、丽、华、夜、旁	就、海、作、法、如、铜、壮、深、归、楼、依、照、位、胜、现、利、将、师、论、切、神、始、场、路	迹、起、度、道			
	下	甘、州、与、弟、永、夫、世	童、息、具、舍、灵、合、告、突、莲、含、安、定、整、界、觉	礼、像、敬、转、钱、财、般、教、游、记、刻、绝、伯、破、功、祖、此	周、布		复	
三	上	未、严、重、乎	等、命、备、盛、至、宝、贵、实、显、奏、受、忽、众、养、者	静、所、院、刚、流、数、材、妙、演、持	闻			
	下	且、必	其、集、惠、符、异、智、慧、昆、密、普、参、示	融、短、佛、代、传、叹、旧、独、伟、保、验、计、提、继、秘、胆、理、镇、取	赵、建、麻、通、退、武、寿			
四	上	曰、凡	善、费、宗、帝、悲、获、量、赞、甚、灭、翼	按、即、证、纪、降、操、临、既、脱、预、雄、诸、拥、福、踪、护	庄、阁、戒			
	下		晋	供、劫、博、颊				

160

续表

年级	册	独体字（81个）	上下结构（104个）	左右结构（127个）	半包围结构（27个）	全包围结构（1个）	上中下结构（2个）	左中右结构（1个）
五	上	臣、乃	婆、召、祭、皇、奉、寺、皆	绰、议、珍、毁、统、仁、哇、律、谓	属、延			
	下		昼、委、慈、眷、圣	私、施、斯、纵	摩			
六	上		宣、资	微、德、隆				
	下		旦、宫、覆、焚	执、标、俱	魔			辩

161

第五章　小学书法课程教案

第一节　软笔书法教案

华夏民族的骄傲

【教学目标】

（1）使学生了解汉字的起源及书法艺术的悠久历史。

（2）激发学生学习书法的兴趣，培养他们对中国传统文化的热情。

【教学内容】

（1）汉字的起源。

（2）书法是中国特有的一种传统艺术。

【重点、难点】

认识书法是中华民族的传统艺术和宝贵财富。

【学具准备】

毛笔、墨汁、纸。

【教学过程】

一、汉字的起源

（1）远古时没有文字。

（2）仓颉发明象形符号。

二、介绍书法及学习书法的好处

（1）简单阐述书法的概念。

（2）鼓励学生学好书法，阐述学习书法的好处。

学习书法至少有四个好处：

第一，在小学阶段，学生学习书法有利于培养艺术素养，陶冶情操，提高文化素养，为自身的全面发展打下良好的基础。

第二，学习书法的主要目的是锻炼学生的动手能力，尤其是训练手指、手腕和手臂的动作，提高它们的协调性和灵活性。这有利于促进儿童大脑的生长发育、智力开发。

第三，书法有严格的书写法则，小学阶段学生的主要任务是识字，学生在学习文化知识的同时学习书法，既可以巩固所学的知识，又能提高文字书写水平，把字写得美观、规范。

第四，学生通过书法学习可以逐步养成细致、耐心、认真的学习习惯。

三、欣赏书法作品

（1）投影展示。

（2）学生观摩。

四、练习

（1）让学生收集 4～5 幅书法作品的图片，在活动中和教师、同学一起欣赏。

（2）把你知道的古代书法家或现代书法家的情况和同学们讲一讲。

（3）为什么要学习书法？把你的心里话说一说。

五、课后作业

准备上书法课的学习用具：毛笔、墨汁、毛边纸、瓷碟、毛毡。

书法工具

【教学目标】

认识"文房四宝"及其作用。

【教学内容】

认识书法工具。

【重点、难点】

了解"文房四宝"的作用。

【学具准备】

笔、墨、纸、砚。

【教学过程】

练习中国书法的工具和材料主要有笔、墨、纸、砚，人们通常把它们称为"文房四宝"。

一、笔

根据笔的制作材料，笔可分为软笔和硬笔两类。

（一）软笔

软笔以毛笔为主，练习中国书法用的笔就是毛笔。

1.毛笔的种类

根据笔毫原料及性能，毛笔可分为硬毫笔、软毫笔和兼毫笔。

硬毫笔主要用黄鼠狼尾毛或兔毛等制成，特点是弹性大、硬度强，写出来的笔画劲利挺健。

软毫笔主要用羊毛或鸡毛制成，特点是弹性小、柔软，写出来的笔画丰满而富有变化。

兼毫笔即一支笔内兼用了软硬两类笔毫，特点是刚柔相济、软硬适中，如白云笔。

根据笔头的大小，毛笔可以分为大字笔、中字笔和小字笔。比大字笔大的还有提笔、斗笔、揸笔等。

根据笔毫的长短，毛笔还可以分为长锋笔、短锋笔。

毛笔的种类繁多，学生要根据字体、字号以及个人习惯进行选择。

167

2.毛笔的构造

毛笔由笔杆和笔头组成。其中，笔头分为笔锋、笔腹、笔根三个部分。这三个部分在书写过程中各自发挥着不同的作用。笔画中最细的部分和出尖儿的部分是用笔锋写出的，笔画中中等粗细的部分是用笔腹写出的，笔画中最粗的部分是用笔根写出的。

3.毛笔的选择

衡量毛笔质量的标准即尖、齐、圆、健。"尖"指锋颖尖，笔锋收得拢；"齐"是指笔毫化开后，捏扁看锋颖齐整；"圆"指笔头规整饱满；"健"指笔锋劲健，富有弹性。具有以上四种特质的笔就是好笔，所以"尖、齐、圆、健"被称为毛笔"四德"。

4.毛笔的"四面八方"

笔毫为锥体，分"四面八方"，习字本或毛边纸中的米字格正好能反映它的"四面八方"。

5.毛笔的使用与保养

新毛笔要用温水浸泡，让它慢慢化开，不可用蛮力捏开。每次使用毛笔后，使用者必须洗干净笔头，吸去一部分水分，将笔锋理齐顺，使锋颖聚拢中正，然后套上笔帽或者悬挂起来。毛笔保养得好，不仅利于书写，还能延长其使用寿命。

（二）硬笔

硬笔以钢笔为主。

1.钢笔

常用的钢笔按其"铱粒"不同，大致分为金笔、高级铱金笔及普通铱金笔三种。

好笔应有好的笔锋，不挂纸，刚而滑，有弹性，出水流畅、均匀；笔杆有一定的长度，且粗细适中，以手握舒适为宜。

检验一支笔的好坏，只要蘸一些墨水在纸上写上一撇一捺，便能见分晓。出水均匀，书写流畅，而且能写出粗细，便是好笔。

钢笔要注意保养。首先，学生不要在硬质材料（如木板、金属、水泥、墙壁）上乱画；其次，平常书写时，学生可以在纸下垫一个较薄的本子或者较软的卡纸，这样，书写会更加舒畅；最后，如果超过一星期不用钢笔，学生应将钢笔洗净保存，最好每月清洗一次。

2.圆珠笔

携带方便，使用便利。

3.铅笔

铅笔的使用方法有两种：一是直接用笔芯书写；二是蘸墨水书写。直接用笔芯书写时一般以笔芯软硬适中的 HB 型铅笔为宜，蘸墨书写时则应选笔芯较软的 B 型铅笔。

4.粉笔

写粉笔字宜选用软硬适中的粉笔。

二、墨

古人写字用的墨是成块的墨碇，使用时在砚台里加水磨成墨汁。现在，人们练字大多使用的是现成的墨汁，更方便。

墨汁有两种，一种是书画墨汁，另一种是普通墨汁。这两种墨汁的性能和用途略有不同。其中，书画墨汁既浓淡适中，又不滞笔，利于挥洒，故为书画家所乐用。需要注意的是，人们使用墨汁写字时，要将墨汁倒在器具（如砚台、碟子等）里用，用多少倒多少，未用完的不可再倒入瓶中。

三、纸

用来练习毛笔字的纸必须有一定的吸水性。书法作品一般都写在宣纸上，但宣纸价格昂贵，初学者一般用元书纸、毛边纸、皮纸等价格低廉的纸，旧报纸也可以。

宣纸分为生宣、半熟宣、熟宣。简单区分生宣、半熟宣、熟宣的方法是用水接触纸面：水立即散开的为生宣；水散开速度较慢的为半熟宣；水凝聚基本无变化的为熟宣。书法作品用到的是生宣，工笔画用到的是熟宣。

硬笔书写用纸一般以白纸为宜，只要不粗糙，写起来不散水就可以。

四、砚

砚也称砚台，是磨墨、盛墨的必备工具。现在由于大量使用墨汁而不再磨墨，所以人们平时练字很少再用砚台，初学者用碟子或碗盛墨汁较方便。

五、思考练习

（1）人们平时用哪些纸写字？这些纸能用来练习毛笔字吗?

（2）你用过哪些笔？这些笔哪些属于硬笔，哪些属于软笔？

六、实践活动

平时你自己去买过文具吗？约上你的好朋友去了解一下自己家附近的文具店有哪些品种的文房四宝，然后选购你现在正需要的书写用品。

七、行动准备

（1）想一想：好的毛笔具有什么特点？

（2）想一想：根据教师的要求，你还缺少哪些书写用品？

写字姿势和执笔方法

【教学目标】

（1）培养学生的兴趣、爱好，挖掘学生的特长。

（2）提高学生的思想品德修养和审美能力，陶冶其情操，促进其身心健康。

【教学内容】

讲解写字姿势和执笔方法。

【重点、难点】

重点：了解握笔的方法与坐姿。

难点：五指执笔法。

【学具准备】

毛笔、墨汁、毛边纸。

【教学过程】

一、提出要求

提出本课要求，欣赏教师准备的范字，激发学生的兴趣。

二、正确的坐姿

要想写好字，就一定要养成正确的写字姿势。正确的写字姿势不但跟写好字有密切关系，而且有利于身体健康，所以学生一定要格外重视，并养成良好的习惯。

教师示范：坐着写字的时候，身子要正而直，两肩齐平，胸部挺起；头部要端正，稍微向前，不要歪斜；两臂要自然撑开，右手执笔，左手按纸；双脚要自然放平、踏稳，不要交叉或踮脚尖。

三、执笔的方法

古人的执笔方法众多，有三指执笔法、五指执笔法等，其中使用较广泛的是五指执笔法（教师演示）。

五指执笔法是将右手五个手指全派上用场，用"擫、押、钩、格、抵"的方法把笔执稳，使手指各司其职。

四、具体的握笔方法

拇指的第一节内侧按住笔杆的一面，拇指处于略水平的横向状态。食指的第一节内侧由外往里压住笔杆。中指紧挨着食指，钩住笔杆。无名指紧挨中指，用指甲根部紧贴着笔杆顶住食指、中指往里压的力。小指抵住无名指的内下侧，用一点儿劲。这样，5个手指力量均匀地围住笔的三个侧面，使笔固定，手心虚空。

五、学生练习书写

学生在毛边纸上书写，熟悉用笔方法。

六、思考练习

坐姿书写有什么要求？你认为自己的书写姿势和执笔方法正确吗？

七、课后作业

让学生在书写纸上按要求大胆试试，然后谈谈自己的体会或收获。

（1）采取五指执笔法，用毛笔随意画几条螺旋线。

（2）悬肘画几条均匀的横线和竖线。

（3）随意画几条由粗到细或由细到粗的横线和竖线。

用笔技法的基础训练

【教学目标】

（1）认识藏锋、回锋、中锋。

（2）教师通过蘸清水的各种笔法的演示，让学生体会和掌握笔毫在点画中的各种变化。

（3）认识和运用各种笔法。

（4）认识书法艺术是中华民族的一块瑰宝。

【教学内容】

用笔技法的基础训练。

【重点、难点】

（1）掌握中锋用笔。

（2）体会和控制笔毫在点画中的各种变化。

（3）藏锋、回锋的讲解和掌握。

【学具准备】

干净的毛笔一支、清水一杯、米字格毛边纸。

【教学过程】

一、复习

复习上课双姿（坐姿和握笔姿势）。

二、导入

毫——长而尖锐的毛。笔毫即毛笔中兽毛的部分。

锋——刀、剑等器械的锐利或尖端部分。笔锋即笔毛中的尖端部分。

我们今天来认识和运用笔法。笔法就是正确使用毛笔的方法，即笔毫在点画中运行的方法。中国书法有篆、隶、楷、行、草五种字体：篆书有《大盂鼎》《散氏盘》《峄山刻石》等；隶书有《礼器碑》《张迁碑》《史晨碑》等；楷书有颜体、柳体、欧体等；行书有《兰亭序》《祭侄稿》《黄州寒食诗帖》等；草书有《十七帖》《书谱》《自叙帖》等。如此林林总总，数目繁多，中国书法作品犹如浩瀚星空中的明星，熠熠生辉。如此众多的书法作品，面貌不同，神采各异，但它们都是优秀的传世书法作品，有相同的东西和最本质的东西。这相同的东西和最本质的东西就是笔法、结体、章法、墨法。下面重点讲笔法。

三、笔法

（一）毛笔的"四面八方"

这节课为什么要带一杯清水来？因为这节课要学习笔法，体会和掌握笔毫在点画中的各种变化。如果是蘸墨汁来写，笔毫和线条都是黑的，看不清笔毫的变化。而蘸清水，我们不但能写，而且可以清楚地看到笔毫的各种变化，只是笔画干得比较快。

我们学书法要用毛笔，它就像武士手中的剑一样，各种招式、各种笔画全由它出来。笔毫为圆锥体，分"四面八方"，就像是地理学中的方位一样（用米字格说明），也分四面——上面、下面、左面、右面，分八方——上方、下方、左方、右方、左上方、右下方、右上方、左下方。习字本或毛边纸中的米字格正好能反映它的"四面八方"。米字格也能反映 8 种基本笔画的走向。这"四面八方"正是米芾的"八面出锋"的用笔方法，毛笔的 8 个面都用到了。

（二）中锋、侧锋

中锋即笔锋基本在笔画的中央行。中锋行笔产生的线条能给人一种浑厚、饱满、圆润、立体而有质感的感觉。同学们要按"四面八方"的走向练习中锋用笔。

侧锋也叫作偏锋，即行笔时笔锋在点画的一面，而笔身在另一面运行，笔毫卧倒像拖地板一样平拖过去。它所表现的点画往往扁平、浮薄、墨不入纸。初学者最好不要用这种侧锋方法来写字，但大多数初学者因不懂用笔方法，往往会写出侧锋的字。

如何由侧锋转为中锋？注意转动笔杆以调成中锋。

（三）笔法的分解

每一个笔画的书写都有起笔、行笔、收笔三个阶段。每个阶段都有不同的笔法。

1.起笔

起笔有三种笔法：顺锋、侧锋、藏锋。

顺锋是锋尖方向与笔画的方向在一条线上，而方向相反，开始尖细，越来越粗。

侧锋和顺锋相同的地方都是锋尖外露，不同的是侧锋要有转折顿挫的过程，落笔后经过转折再入正轨。

藏锋要把笔锋裹藏在笔画里，不露锋尖，"欲右先左，欲下先上"，只是比侧锋多了个逆笔和转折的动作。

2. 行笔

行笔有铺毫、平移、提按（提笔和按笔）、转折（转笔和折笔）。

铺毫就是把笔毫铺展在纸上，使每根笔毛都发挥作用。行笔时笔毫铺开，两侧锋毫的轨迹构成了笔画外沿的线条形态。这种运行状态就是"中锋行笔"。用这种方法写出来的笔画圆润丰满。

平移就是笔毫在纸上不做上下运动，仅做平行于纸面的中锋移动。平移的线条没有明显的粗细变化，可做直线或弧线运行。

提笔和按笔指的是行笔时将杆杆提起或按下。提笔运行写出的笔画比较细，按笔运行写出的笔画比较粗。经过提按的变化，笔画形态更加丰富多彩，富于节奏和韵律。

转笔和折笔是两种笔画变换方向的方法。转笔是在行笔时逐渐转过笔锋，形成弧线；折笔是在行笔时先提笔，然后按笔、转笔变换方向，其实是横画和竖画的组合。

3. 收笔

收笔有回锋、放锋。

回锋是笔画结束时把笔锋回收在笔画之内，不露锋尖。

放锋是在收笔时逐渐提起笔杆，将笔锋放出去，使锋尖露出。

（四）笔法的运用

综合运用笔法，感受笔画的形态和韵律。

以逆起回收法练习横画的写法：藏锋起笔→中锋行笔→回锋收笔。

横的外形：粗 — 细 — 粗。

用力感觉：重 — 轻 — 重。

速度感觉：慢 — 快 — 慢。

四、墨法

墨分五色，即焦、浓、重、淡、清，也有浓墨、淡墨、枯笔、涨墨、渴笔之分。

五、作业

要求：笔毫不能短于3.5厘米，至少用笔腹处书写。

（1）蘸墨汁，用各种笔法写笔画（在所写笔画旁边注明笔法名称），体会和控制笔毫的形状和方向。

（2）在墨中加水，体会墨分五色带来的笔墨情趣。

（3）用逆起回收法写横画 5 遍，以掌握该笔法。

起笔　行笔　收笔

【教学目标】

了解和掌握毛笔书写的起笔、行笔、收笔的基本方法。

【教学内容】

讲解起笔、行笔、收笔。

【重点、难点】

起笔、行笔和收笔的方法。

【学具准备】

毛笔、墨汁、练习纸等。

【教学过程】

一、导入

同学们，如何把一个笔画写完美呢？一个笔画中需要有起笔、行笔、收笔，只有掌握这三种书写方法，才能写好一个字。下面老师就和同学们一起学习这三种书写方法。

二、讲授

（1）起笔、行笔、收笔是指毛笔书写时笔锋运动的全过程。

（2）起笔是每笔的开始，包括逆锋起笔和顺锋起笔两种方法。其中，逆锋起笔要求欲左先右、欲右先左、欲下先上、欲上先下，然后铺毫。

（3）行笔一般要求中锋行笔，也就是行笔中铺毫前进，保持笔尖藏于笔画正中。

（4）收笔是一笔的结束，力必须用到字写完为止，这样，笔画才显得圆满结实。收笔包括露锋收笔和藏锋收笔两种方法。

三、练一练

认真观察"一""工"的笔画，想象一下这两个字在书写时是怎样起笔、行笔和收笔的，然后大胆试一试。

基本笔画练习——横的写法

【教学目标】

（1）掌握两种横的写法和用法。

（2）知道笔画的完成过程。

（3）掌握顿笔的起笔、收笔方法。

（4）领略祖国传统书法艺术魅力，激发学生热爱祖国文字的感情。

（5）培养学生学习书法的科学态度。

【教学内容】

横的写法。

【重点、难点】

（1）长横和短横的写法。

（2）顿笔的写法。

（3）长横和短横的弯曲度以及弯曲方向。

【学具准备】

毛笔、墨汁、练习纸等。

【教学过程】

一、导入

永字八法的讲解：历代以来，一说到汉字楷书的笔画，一般会提到永字八法。永字八法其实就是包含在"永"字里面的8种基本笔画：点、横、竖、撇、捺、钩、折、提。

让学生仔细观察，说说这8种笔画在"永"字中的位置。

（这8种基本笔画就好比建房子的地基，只有地基打好了，上面的房子才稳当。可见，基本笔画在楷书中的重要性。这节课我们就来学习其中的一种基本笔画——横的写法。）

（1）教师出示基本笔画"一"（横）。

教师示范并口述横的书写要领：重下笔—轻行笔—重收笔。

（2）教师小结并导入下节。

二、熟悉不同的横画

（1）出示：上、二、三、七。

长横：

①逆锋起笔。

②向下顿笔。

③提笔右上行。

④中锋行笔。

⑤稍向上提笔。

⑥顿笔向右下回锋。

短横：

①逆锋起笔。

②向右下顿笔。

③提笔折锋向右。

④蓄势后向右行笔。

⑤至末端提笔向右下顿笔。

⑥提笔回锋收笔。

凸横：

①逆锋起笔。

②向右下顿笔。

③向右行笔，中间向上凸。

④至末端转锋向右下顿笔。

⑤提笔回锋收笔。

细腰横：

①逆锋起笔。

②向右下顿笔。

③向右行笔，中间稍提锋。

④至末端转锋向右下顿笔。

⑤提笔回锋收笔。

左尖横：

①顺锋起笔。

②力量逐渐增大，向右中锋行笔。

③至末端提笔向右下顿笔。

④提笔回锋收笔。

右尖横：

①逆锋起笔。

②折锋向右下顿笔。

③挫笔后向右偏上，边提边行笔。

横钩：

①逆锋起笔。

②折锋右下顿笔。

③折锋向右中锋行笔。

④做钩时提笔向左下重顿。

⑤转锋回笔画中后挫笔向左下出钩。

（2）说说这些字的横画有什么不同。

（3）教师小结：横有长横、短横、凸横、细腰横、左尖横、右尖横、横钩之分。

三、练写主笔是长横的字

过渡：有人这样写长横（多媒体展示），你当评委，说说怎样才能写好汉字当中的长横。

（1）书写"二""三"。

①"二"：上横短，下横长。

短横写在田字格上半格，长横写在田字格下半格，两横的间隔要适当，不要靠得太近或离得太远。

②"三"：第一横和第二横都是短横，第三横是长横。

第二横的位置应在横中线上。三横之间的间隔要均匀，笔顺规则是从上到下。

（2）出示"旦"字不同写法的卡片。

（3）教师范写"旦"字，并讲清书写要领。

出示规则：长而平稳，略带斜势。

（4）学生在练习本上练写"旦"字。

（教师巡视，给坐姿端正、握姿正确、字写得好的学生加分。）

（5）你能再举几个主笔是长横的字吗？

上、世、甘、止 、万、有、布、右（见小黑板）。

（6）师生小结：横长的字，竖要短；横长的字，撇要短。

（7）教师小结：写主笔是长横的字，不仅要写好长横，还要处理好长横和相邻笔画的关系。这样，才能把字写得端正、美观。

（8）每组挑两个字练写一遍。请两名学生上前板演（音乐伴写）。

（9）同桌互评后，教师指出评议存在哪些问题，并投影展示优秀作业。

四、练写多横的字

练写多横的字，体会横画的参差有别，长短相映。

教师出示：工、亚、天、来；王、羊、春、青；隹、美、垂。

（1）这些字有何特点？

这些字有两横的、三横的、四横的，引导学生归纳特点。

（2）每组中任选两个字，每个字各练写1遍或重点练习某个字。

（3）小组评议后推荐本组优秀者上台板演。

（重点是横与横之间是否等距，横是否长短有别。）

（4）教师小结。

五、练写带斜横的字

（1）教师范写"七"。

（2）请学生回忆带斜横的字，教师选其中3个范写在田字格内。

（3）把斜横写成平横，你来试试看好不好？

对照说明"斜横不可平"。

（4）任意挑3个字请3名学生板演。

（5）评议板演的字。

（6）学生选3个字在练习本上练写，然后自评。

（学生自评：较好的，自己上讲台板演；较差的，自己板演后请他人指点。）

（7）教师小结：同学们，我们除要把握好汉字的长横和短横外，还要注意有些横一定要写得斜一点才能压平整个字。

六、学生独立练习

请学生自己挑选感兴趣的字，完成整幅作品。

七、师生互动

书写完成的学生请教师点评、签名留念。教师可把好的字用红笔圈出来。

八、课堂小结

教师设问：同学们，今天这堂课，我们练了带横画的不少字，你能结合自己的理解，谈谈感受吗？

基本笔画练习——竖的写法

【教学目标】

（1）复习正确的书写姿势及横画的写法。

（2）学习悬针竖的写法。

（3）练习"十""干""丰"。

（4）让学生养成良好的学习习惯，认识到写字练习是一项长期的学习任务。

【教学内容】

竖的写法。

【重点、难点】

（1）悬针竖的写法。

（2）"十""干""千"的练习。

（3）良好学习习惯的养成。

【学具准备】

米字格练习纸、毛笔、墨汁、墨盘。

【教学过程】

一、复习导入

同学们，上节课我们知道了正确的写字姿势、握笔姿势，认识了田字格的作用及用途，学习了横的写法，练习了"一、二、三"等字。今天，我们继续学习基本笔画"竖"。

二、写法指导

我们在写字时，首先要做到"横平竖直"。所谓的竖直，就是要把竖写得笔挺有力，不能歪，不能弯，这是写竖的基本要求。在这个基础上，我们还要讲究方法，把竖写得更美观大方。下面我们就对竖的写法展开研究。

（一）各种竖的写法

1.垂露竖

（1）逆锋向左上起笔。

（2）折锋微向右上，再折向右下顿笔。

（3）向左下提笔转锋。

183

（4）向下中锋行笔。

（5）向右下稍顿转笔作圆角。

（6）回锋向上收笔。

2.悬针竖

（1）逆锋向左上起笔。

（2）折锋后向右下顿笔。

（3）向左下提笔转锋。

（4）向下中锋行笔。

（5）行至三分之二处驻笔后行笔出锋，写出针尖状。

3.右弧竖

（1）逆锋向左上起笔。

（2）转笔向右下顿笔。

（3）向左下提笔转锋。

（4）向下中锋行笔。

（5）至末端向右下稍顿笔。

（6）提笔回锋向上收笔。

4.左弧竖

（1）逆锋向左上起笔。

（2）折锋微向右下顿笔。

（3）向左下提笔转锋。

（4）向下呈左弧状中锋行笔。

（5）至末端向右下稍顿笔。

（6）提笔回锋向上收笔。

5.细腰竖

（1）逆锋向左上起笔。

（2）折锋向右下顿笔。

（3）向左下提笔转锋。

（4）向下中锋行笔。执笔人在行笔过程中要捏笔敛锋。

（5）向右下稍顿笔。

（6）回锋向上收笔。

6. 粗腰竖

（1）逆锋向左上起笔，起笔稍重。

（2）折锋微向右上，再折向右下顿笔。

（3）向左下提笔转锋。

（4）向下中锋用力行笔。

（5）向右下顿笔。

（6）回锋向上收笔。

7. 上尖竖

（1）逆锋向左上起笔。

（2）转笔向右下顿笔。

（3）向左下提笔转锋。

（4）向下偏右中锋行笔。

（5）向右下轻顿。

（6）回锋向上收笔。

8. 竖弯

（1）逆锋向左上起笔。

（2）折锋微向右上，再折向右下顿笔。

（3）向左下提笔转锋。

（4）向下偏左中锋行笔。

（5）至底端向右圆转。

（6）至末端提笔向右下顿笔并回锋收笔。

（二）纠正学生的错误写法

1. 竖的错误写法

（1）顿笔太明显。

竖画的起笔部分太大，有明显的转折。

原因：顿笔太重。

修改方法：笔尖接触纸面，轻轻用力，把笔尖转而向下。

（2）末尾出尖部分不直。

原因：出尖时速度太快，方向把握不好。

修改方法：出尖时速度可稍微加快，但不能太快，尖是写出来的，不是快速

185

"飘"出来的。

2.教给学生正确的写法——以"十""干""丰"为例

前面我们对竖的错误写法进行了分析，现在我们再来仔细地看看正确的写法（教师正确示范，在学生易错的地方提醒学生注意）。

学生在仔细观察字帖的基础上临写三遍，教师指导，及时纠正。

我们知道，汉字是由笔画组成的，不同的笔画组合就会形成不同的汉字。下面把学过的横同悬针竖进行组合。

"十"的写法。同学们想一想，按照前面我们学习的排列规律，"十"在田字格中怎样排列，字才匀称呢？先把长横写在横中线上，再从竖中线上起笔，写竖（教师示范）。同学们在书写时，要注意汉字中有横有竖，要注意把横写得细一些，把竖写得粗一些。也就是说，写横时用力要轻一些，写竖时要稍微用力。下面请同学们在练习本上把"十"这个字写3遍（教师指导，及时纠正）。

"干"的写法。前面我们把"一"和悬针竖进行了组合，现在要把"二"同悬针竖进行组合。"二"在书写时，以横中线为界，一上一下，但加入竖后，要把竖的空间留出，这样我们就要把两个横上移（教师示范，学生观察）。学生在练习本上把"干"这个字写3遍。

"丰"的写法。下面我们乘胜追击，把"三"同悬针竖进行组合。同样的道理，学生在书写时也要把竖的空间留出来，要求把三个横的间距适当缩小，再把竖写好（教师示范，学生观察）。学生在练习本上把"丰"这个字写3遍。

（三）小结

回想一下悬针竖的特点。

三、学生练习

"十"是基础，学生只有掌握"十"的写法，才能把"干""丰"这两个字写好。因此，教师在教写"十"时用的时间要适当延长。

四、归纳总结

让学生复习前面学习的横和竖的写法，并掌握它们的特点，这样利于学生把笔画写准确。

基本笔画练习——撇的写法

【教学目标】

（1）初步学会短撇的写法，了解短撇的特点和变化。

（2）初步学会"牛""千""仁""午"几个字的写法。

（3）让学生通过欣赏作品提高审美能力，初步感知书法作品之美。

（4）弘扬中国的传统书法艺术。

（5）激发学生的爱国主义情感。

【教学内容】

撇的写法。

【重点、难点】

（1）学会短撇、长撇的写法。

（2）学会相关字的写法。

【学具准备】

毛笔、练习纸、墨汁、字帖、羊毛毡等。

【教学过程】

一、欣赏

（一）书画作品欣赏

投影展示几幅书画作品。

教师：欣赏这几幅书画作品，你有什么感受呢？

（引导学生从"书画同源"入手来说。）

（二）小结

教师：练好书法很重要，最好从楷书入手来练习书法。"柳体"具有严谨端庄、遒劲丰润的风格，今天我们继续学习"柳体"楷书的基本笔画。

二、墨画游戏

教师：在练习书法之前，让我们先进行墨画的游戏。

（1）学习画小鱼。

（2）画一幅完整的画，看谁画的小鱼多，看谁画的小鱼好。

（画得既要多又要好，还要落款。）

三、新授环节

教师：接下来我们继续学习笔画，学习"短撇"。有同学要问：我们已经学习了很多笔画，怎么还学笔画？其实，练字就要从一笔一画练起。

（1）各种撇的写法。

竖弧撇：

①自左上方逆锋起笔

②折笔后向右下方顿笔

③转笔蓄势向下中锋行笔后，再向左下方写弧状的撇，力至笔端。

细腰撇：

①自左上方逆锋起笔。

②折笔后向右下方顿笔。

③转笔蓄势向左下方写撇，出锋，力至笔端。

兰叶撇：

①自上向左下顺锋起笔。

②边行笔边按笔。

③至中部后，边行笔边提笔至左下方出锋，力至笔端。

弯头撇：

①自左上方逆锋起笔。

②向右上方转笔作围后，折笔向右下方顿笔。

③转笔蓄势后，向左下方写撇，出锋，力至笔端。

弧钩撇：

①自左上方逆锋起笔。

②折笔后向右下方顿笔。

③转笔蓄势向下中锋写弧。

④至末端向左下方挫笔，然后提笔蓄势向左上方出钩。

长曲撇：

①将横画与长斜撇连在一起书写。

②起笔写横。

③提笔、顿笔写折。

④行笔写长斜撇。

短曲撇：

①将短横与短斜撇连在一起书写。

②起笔写短横。

③提笔、顿笔写折。

④行笔写撇。

（2）教学范字"牛""千"。

"牛"字有一个短撇，"千"字也有一个撇，这两个短撇有什么区别？

引出短撇的变化——平撇。

①练习平撇。

②教师示范"牛""千"的写法。

（拓展："爱"字下面的两个长撇也有变化。）

③学生练习。

（3）教学范字"仁""午"。

教师引导学生练习"仁""午"两字，复习悬针竖的写法。

①悬针竖的收笔和短撇的收笔有什么联系？

②写好一个字，除写好笔画外，还要注意什么？

（结构：布白匀称。）

四、作品展示

学生展示自己的作品。

五、评价与小结

（1）评价。

（2）小结。

基本笔画练习——点的写法

【教学目标】

（1）让学生了解不同形态的点在字中的不同作用，并继续了解藏锋、回锋、中锋。

（2）教师通过蘸清水的各种笔法的演示，让学生体会和掌握点的各种变化。

（3）学生能正确书写各种点。

（4）让学生认识到书法艺术是中华民族的一块瑰宝。

【教学内容】

各种点的写法。

【重点、难点】

（1）几种不同形态的点在字中的不同作用。

（2）掌握几种点的书写方法，掌握藏锋、回锋。

【学具准备】

毛笔、墨汁、练习纸等。

【教学过程】

一、导入

同学们，大家知道"点"在书法学习中会起到多大的作用吗？现在就让我们认识一下"点"。

二、各种点的写法

（一）上点

（1）逆锋向左上起笔。

（2）折笔向右稍顿。

（3）转笔向左下顿笔。

（4）提笔向上回锋收笔。

（二）下点（杏仁点）

（1）逆锋向上起笔。

（2）折笔向左下稍顿。

（3）转笔向右下稍驻。

（4）提笔向上回锋收笔。

（三）左点

（1）逆锋向左上起笔。

（2）折笔向下稍顿，再转向右下稍驻。

（3）微提笔向右上回锋。

（4）回锋至中部后稍驻。

（5）向右上出锋。

（四）右点

（1）逆锋向左上起笔。

（2）折笔向右稍顿。

（3）转笔向右下行笔。

（4）微微提笔向左上回锋收笔。

（五）右上点

（1）逆锋向左上起笔。

（2）折笔向右下稍顿。

（3）转锋蓄势向左下写撇，出锋，力至笔端。

（六）左上点

（1）逆锋向左上起笔。

（2）折笔向右稍顿。

（3）转笔向右下稍驻。

（4）微微提笔向左上回锋收笔。

（七）左下点

（1）逆锋向右上起笔。

（2）折笔向左下顿笔。

（3）提笔折锋向右下稍顿。

（4）微微提笔向右上回锋收笔。

（八）右下点

（1）顺锋起笔。

（2）向右下顿笔。

（3）提笔折锋向下顿笔。

（4）微微提笔向左上回锋收笔。

三、练习

教师先示范如何书写，然后学生模仿。在学生练习的过程中，教师巡视，指导学生书写。

四、展示评价

展示写得好的学生的字，请大家欣赏、评价。

五、讨论

教师把点抹掉，请学生先讨论，说说此字用什么点较好，要求给出点的名称。例如：

高：瓜子点。

池：挑点。

洋：撇点。

织：长点。

然后，教师呈现原字中用的点，对学生的讨论给予评价。最后，让学生写这些字。

六、总结

在这节课，我们了解了不同的点，以及它们在字中起到的不同作用。其实，书法艺术博大精深，我们的祖先在书写的过程中会根据字的要求或按照自己的想法书写点。请大家在课后查找资料来丰富这些点，好吗？

七、作业

把"下、半、洁、高、洋、只、样、羊"8个字写到田字格本上，要求每个字写4遍。

八、拓展

（1）两点水：用作左偏旁。

上为斜点，下为提点。这个部首一般用在字之左，故右边沿要垂直对齐，以避免提点过长占用右偏旁的空间。

（2）三点水：用作左偏旁。

在两点水之间加一个斜点，这个点应靠近上点并与之斜对齐，便于提点收笔延伸到它留下的空白处，以保证右边沿垂直对齐。

（3）相向点：用作字头。

左为斜点，右为撇点。为保证下边沿整齐，撇点起笔要高于斜点。

（4）顺三点：用作字头。

在相向点中间插入一个斜点，分布原理与三点水相同，是为确保下边沿整齐。

（5）相背点：用作字底。

左为撇点，右为斜点，起笔平齐，是为确保上边沿整齐。

（6）隔三点：用作字头。

在相向点中间插入一个竖点，笔顺是先中间，后两边。

（7）四点底：用作字底。

按对称辐射分布原理写，左边两点为左点，右边两点为斜点，中间两点要稍小而垂，两边两点应稍长而斜，上边沿要整齐。

（8）向心四点：用在字的两边。

左为两点水，右为撇点和斜点，其中右下部斜点稍大。

第二节　部编教材小学语文 12 册教案节选

《"贝"的故事》教案

二年级下册

【教学目标】

（1）会认"甲、骨、类"等生字，会写"贝、壳"等生字，会写"贝壳、甲骨文、样子、可以、钱币、钱财、有关"等词语。

（2）默读课文，了解"贝"字的起源、作用以及字形、字义。

（3）进一步了解汉字的意思，以及与偏旁有关的特点。

（4）进一步认识形声字的规律，归纳一批学习过的形声字来学习本课。

（5）让学生感受汉字和中华文化的博大精深、源远流长。

【教学重点】

了解"贝"字的起源，掌握其字形、字义以及书写特点。

【教学难点】

由"贝"字推演，总结形声字形旁表义的特点。

【教学课时】

2 课时。

第一课时

【教学目标】

（1）会认"甲、骨、类"等生字，会写"贝、壳"等生字，会写"贝壳、甲骨文、样子、可以、钱币、钱财、有关"等词语。

（2）默读课文，了解"贝"字的起源、作用以及字形、字义。

【教学过程】

一、激趣引入

（1）观察以下 4 组汉字。

①流、泪、河、江。

②说、话、记、读。

③树、杨、李、林。

④购、货、赠、赚。

（2）说说你的发现。

生1：第一组的字都有"氵"，这些字都与水有关。

生2：第二组的字都有"讠"，这些字都与说话有关。

生3：第三组的字都有"木"，这些字都与树木有关。

生4：第四组的字都有"贝"，这些字都与钱有关。

师：同学们真聪明，观察得非常仔细。今天，我们就要学习一篇与"贝"有关的课文。

（3）揭示课题："贝"的故事。

二、初读课文，了解预习情况

（1）请学生自由读课文，完成以下要求。

①借助拼音认识课文中的生字。

②难读的生字多读几遍，难读的句子多读几遍。

③将不认识的生字圈出来。

④了解课文主要讲了什么内容。

（2）请学生汇报自学情况。

①同桌互读生字。如果有不会的，同桌互相教读。

②出示难读的生字，强调：

A. 珍、饰、赚都是翘舌音。

B. 随、损、财都是平舌音。

C. 品、贫都是前鼻音。

D. 漂是多音字，有 piāo、piǎo 和 piào 三个音。

③去掉拼音，读一读这些生字。

④把生字送入词语宝宝中再读。

⑤说说是否有不理解的词语。

（教师指导学生联系上下文理解词语的意思。）

（3）再读课文，注意：要把生字读准确，不能添字，不能漏字。

（4）说说课文主要讲了什么。

（课文主要讲了"贝"的由来，以及由"贝"组成的字都与钱财有关。）

三、指导写字

（1）学生自由观察，同时教师提醒学生写字时应该注意的地方。

（2）指导学生书写将"贝"作为偏旁的字。

（3）提示学生："贝"出现的位置不同，最后一点的长短有所不同。

（4）指导学生书写"钱"字，让学生了解"钱"字在田字格中的位置。

（5）学生描红，教师巡视指导。

（6）学生书写生字。

四、作业

（一）扩词

珍（　　）（　　）　　币（　　）（　　）　　财（　　）（　　）

赔（　　）（　　）　　贫（　　）（　　）　　购（　　）（　　）

（二）近义词

漂亮——（　　　）　　　　珍贵——（　　　）

损坏——（　　　）　　　　容易——（　　　）

第二课时

【教学目标】

（1）熟读课文，进一步了解汉字的意思，以及与偏旁有关的特点。

（2）进一步认识形声字的规律，归纳一批学习过的形声字来学习本课。

（3）让学生感受汉字和中华文化的博大精深、源远流长。

【教学过程】

一、复习导入

（1）复习导入，学习本课生字词。

①出示本课词语，让学生自由读一读。

（甲骨文、贝类、珍贵、漂亮、装饰品、佩戴、钱币、购买、偏旁、钱财、携带、富贵、货物、样子、可以、有关）

②请几名学生读词语，教师纠正读错的字音。

③全班齐读词语 3 遍。

④单独出示课文中 16 个要求会认的生字，请一名学生朗读。

⑤全班一起朗读生字。

（2）请几名学生分段朗读课文。

二、再读课文，初步了解课文内容

（1）默读课文，标出自然段序号，想想每个自然段分别讲了什么。

（2）请几名学生说说每个自然段的大致意思。

①第一自然段：贝壳是什么？它是什么样子的？在甲骨文中"贝"字的样子像什么？

引导学生归纳：这一段讲的就是贝字的起源。

②第二自然段：贝壳有什么特点？在古代，人们把它用作什么？除珍贵、漂亮外，贝壳还有什么特点？它在古代有什么用途？

引导学生归纳：这一段讲的是贝壳在古代是作为饰品存在的。

另外，由于贝壳不容易损坏，所以古人还把贝壳当作钱币。根据这个特点，将"贝"作为偏旁的字大多表示什么？

（将"贝"作为偏旁的字大多与钱财有关，如书上列举的赚、赔、购、贫、货。）

（3）除书上列举的"贝"字旁的字外，你还知道哪些"贝"字旁的字？

（请学生从字典中查找。）

三、细读课文，感悟中华文化的博大精深

（1）再读课文，用横线画出描写"贝"字由来的句子。

（2）细读课文，用波浪线画出描写"贝"的作用及特点的句子。

（3）讲一讲"贝"的故事。

四、拓展延伸

（1）根据"贝"的故事，说说你还知道哪些字的由来。

（2）猜一猜：还有哪些字与什么有关？

例如：

①铜镜与什么有关？

②珠宝与什么有关？

五、作业

（1）将"贝"的故事讲给家人听。

（2）观察生活中的字，看看你知道哪些字的由来。

"综合性学习：遨游汉字王国"教案

五年级下册

【单元导教】

本单元是综合性学习单元，围绕"遨游汉字王国"这个主题编排了两个活动板块。第一个板块的主题是"汉字真有趣"。教师结合想要探究的汉字文化，指导学生制订合理的活动计划，并以某个探究内容为例，引导学生掌握搜集资料的方法，从而丰富学生对汉字的认识，让学生感受汉字的趣味。第二个板块的主题是"我爱你，汉字"，承接了前一板块的内容，并从汉字的历史文化和规范使用两方面进行了延伸。在教学时，教师要引导学生运用学到的搜集、调查的方法获取资料，并结合课本中的例文引导学生认识研究报告，学会撰写简单的研究报告。

【单元教学目标】

（1）感受汉字的趣味，了解汉字文化，产生对汉字的热爱之情。

（2）学习搜集资料的基本方法。

（3）学写简单的研究报告。

活动设计一：汉字真有趣

【教学目标】

（1）感受汉字的趣味，产生对汉字的热爱之情。

（2）了解搜集资料的基本方法。

（3）能搜集字谜，开展一次猜字谜活动；能搜集体现汉字趣味的资料，办一次趣味汉字交流会。

【教学重点】

（1）了解搜集资料的基本方法。

（2）能搜集字谜，开展一次猜字谜活动；能搜集体现汉字趣味的资料，办一次趣味汉字交流会。

【教学准备】

多媒体课件。

【课时安排】

4～5课时，课下活动若干次，持续1～2周。

第一课时：制订活动计划

【教学目标】

（1）让学生感受汉字的趣味。

（2）让学生自由组成小组，讨论可以从哪些方面了解汉字，并制订活动计划。

【教学过程】

活动一：激发学生研究汉字的兴趣。

教师导入新课：提到"汉字"，同学们最熟悉不过了，我们每时每刻都在学习它，都在和它打交道。汉字看似司空见惯，可是你真的了解它吗？如果一个外国人问你："汉字是从哪里来的？它是怎么被发现的？它发生过哪些变化？"你说得上来吗？其实，汉字也有很多奥秘，你想不想一探究竟呢？

教师引导：汉字是非常古老的文字，也是世界历史上使用时间最长的文字。你知道，汉字独特的地方是什么吗？

预设1：汉字与众不同的地方是它将音、形、义结合得完美。这是汉字独有的。

预设2：最早的汉字就是殷商的甲骨文。

教师补充：甲骨文出土于河南省安阳市殷墟，是商朝的文化产物，距今已有3 000余年的历史。这是在龟甲或兽骨上刻的甲骨文（多媒体展示）。2017年11月24日，甲骨文成功入选《世界记忆名录》。

教师引导：从祖先最初创造汉字到现在我们灵活运用汉字已有几千年的历史，在历史长河中，人们不断改进着汉字的形体。我们来看一段视频（利用多媒体播放视频），从中你了解到了什么？

预设1：汉字从殷商的甲骨文到商周时期铸刻的金文、西周晚期的大篆、秦朝的小篆，再到汉朝的隶书，一脉相承。

预设2：楷书是由隶书演变而来的，至今仍是汉字的标准字体，已有近2 000年的历史了。

预设3：汉字中许多字自古以来在民间就有多种写法，有的写法笔画多，有的写法笔画少。简单来说，笔画多的叫繁体字，笔画少的叫简体字。

教师引导：汉字不仅是一种文字、一种语言，更代表着中华民族的独特文化与智慧。可以说，隶书的出现是汉字发展史上一个重要的里程碑。隶书之前的汉字是用绘画式的线条书写的，隶书之后的汉字则是由横、竖、撇、点等笔画构成的。

教师引导：在汉字的不断发展演变中，我们的祖先将自己书写的汉字和艺术相结合。欣赏这几幅书法作品（多媒体展示），你有什么感受呢？

预设 1：笔画很粗、很有力量。

教师引导：对，粗犷豪放。

预设 2：字很秀气，结构端庄，不偏不倚。

教师引导：优雅端庄。

预设 3：笔画流畅、自由。

教师引导：对，飘逸流畅。

预设 4：字很大，笔画很粗，结构很结实的感觉。

教师引导：是的，笔画刚劲。

这一幅幅珍贵的书法艺术作品呈现在世人面前，令人叹为观止。不仅如此，汉字还引发了人们美妙而大胆的联想，你知道这是什么吗？（多媒体展示）

预设 1：第一幅是 2008 年北京奥运会的会徽，它用"京"字展现了一个奋力奔跑、迎接胜利的运动员。

预设 2：第二幅是 2010 年上海世博会的会徽，它用"世"字表达了对美好、和谐生活的追求。

教师引导：同学们说的对，世界上没有一种文字像汉字一样，不但历尽沧桑，而且青春永驻。

教师揭示课题：同学们，刚才我们一起遨游汉字王国，一起认识了汉字这一独属于中华民族的瑰宝。其实，汉字还有很多奥秘和有趣之处，你想知道吗？这节课就让我们一起走进"汉字真有趣"。

（设计意图：以短视频、图片导入，用直观的方式将学生带入汉字王国，激发学生的学习兴趣和探究欲望。）

活动二：组成兴趣小组。

（1）学生自主学习课本材料。

教师启发学生阅读思考：下面就请同学们阅读"汉字真有趣"中的 5 份材料，边读边想这些材料分别从哪些方面介绍了汉字知识。

刚才同学们都认真阅读了材料，请同学们试着完成下面的学习单。

（学习单略。）

（2）集体交流，梳理课本材料。

教师提问：谁来和大家分享一下完成的学习单？

预设 1：《字谜七则》讲的是字谜，里面既有读文字猜字谜，又有从一幅画里猜字谜。

预设2:《门内添"活"》是故事里藏着字谜。

预设3:《有意思的谐音》讲的是歇后语。

预设4:《"枇杷"和"琵琶"》讲的是两个词读音相同但字不一样。

预设5:《有趣的形声字》介绍了形声字。

（3）交流感受,为后面的探究做铺垫。

教师引导:同学们,课本上有和汉字相关的丰富材料,你对哪方面的内容最感兴趣呢?

预设:猜字谜、歇后语、书法作品……

教师组织全班学生按照兴趣分组。相同兴趣的学生可以结成兴趣小组,每个小组起一个小组名。

（设计意图:梳理课本内容,将汉字材料分类,使学生心中明确可探究的方向,为确定活动主题和制订活动计划做铺垫。）

活动三:了解制订活动计划的流程。

教师组织:在学生分好小组后,教师引导学生思考从哪方面研究汉字。

预设:字谜、书法、歇后语、汉字故事……

教师引导:要想研究有所发现,就要有活动计划。课件上是一份"活动计划"。请大家认真观察,想一想:怎样才能制订活动计划?活动计划包括哪几部分内容?

全班交流:

预设1:活动计划包括标题、时间、地点。

预设2:活动内容、活动过程、活动分工。

教师引导:活动计划包括标题和正文。其中,正文包括活动时间、活动地点、活动内容、活动过程、活动分工等。

教师提问:活动计划的制订需要注意什么呢?请以小组为单位进行讨论。

学生分组交流:

预设1:标题要写上是第几小组,进行什么活动。

预设2:时间要写上从哪天到哪天。

预设3:活动过程要写清楚做每件事情的时间。

预设4:活动分工要具体写出每个人干什么事。

教师点拨:制订活动计划时,由于搜集资料的工作量比较大,需要搜集三方面的资料,因此我们可以把这项任务细化,让每人负责搜集一个方面,这样既明确了工作内容，又提高了工作效率。

（设计意图：由教师出示范文，学生可以很直观地看到一份活动计划的组成部分。然后，通过全班讨论交流、教师点拨关键点，学生就能明确制订活动计划的方法。）

活动四：制订活动计划。

教师引导：接下来，就请同学们结合自己想研究的活动内容，以小组为单位，制订切实可行的活动计划。

全班交流后修改、完善活动计划。

各小组根据教师提出的建议修改、完善自己小组的活动计划。

布置课后作业：根据自己制订的活动计划，课下搜集相关资料并阅读。时间为1天。

第二课时：搜集资料

【教学目标】

了解搜集资料的基本方法。

【教学过程】

活动一：各小组汇报交流。

教师导入新课：同学们，上节课各小组都制订了活动计划，课下同学们也积极地搜集资料，在搜集的过程中你们有什么好的经验和大家分享吗？如果有什么困惑，咱们也一起解决。

全班交流：

预设1：我是去书店搜集的资料。一开始我自己一个书架、一个书架地找，找了很长时间都找不到需要的书。后来，我看到一位叔叔请书店的工作人员用电脑查到了他要找的那本书的位置，于是我也请工作人员帮我查询图书的具体位置。我想告诉大家，如果你们去书店查找资料，可以先请工作人员帮你们用电脑查询一下。

教师点拨：请工作人员进行电脑检索，这是一个不错的办法。

预设2：我上网搜集资料，可是我输入要搜集的内容后出现很多不相关的内容。

教师点拨：这就需要输入准确的关键词。

教师引导：刚才同学们分享了自己在搜集资料的过程中积累的经验，也提出了心中的困惑。那么，我们如何有效地搜集资料呢？接下来，老师就和同学们一起探讨这个问题。

活动二：交流搜集资料的方法。

教师启发思考：请同学们想一想，我们可以通过哪些途径搜集资料？

预设1：上网搜集资料。

预设2：从图书馆找资料。

预设3：问家长和老师。

预设4：问专家。

教师引导：正如同学们所说，我们可以通过网络搜集资料；从图书馆找资料，也就是通过查找图书来搜集资料；问家长、问老师、问专家，其实就是通过请教别人来获取资料。

教师提出活动要求：那么，如何运用这三种方式进行资料搜集呢？请同学们以小组为单位进行讨论。

全班交流：

预设1：我们想到的就是通过网络来搜集资料。先打开某搜索引擎，输入想要搜集的内容，在搜出很多信息后，看看哪些信息是有用的，把它们复制粘贴。

预设2：我们可以去图书馆找资料。图书馆的书特别多，每个书架上都挂着分类牌，我们可以看看自己要找的书属于什么类别，找到相对应的分类牌，然后在这个分类牌的书架上找自己需要的书。

预设3：我们可以去书店找资料。书店的书也特别多，我们可以请书店的售货员帮忙找到需要的书。

教师点拨：如果要搜集"汉字的起源"方面的资料，因为"汉字的起源"属于人文科学和社会科学类，所以我们可以到人文科学或社会科学类的书架上找相关的图书。在找到相关图书后，我们可以根据书名、目录、内容简介等，判断出是否有自己需要的内容。

教师提问：同学们，对于有些资料来说，我们需要请教专业人士，如何请教呢？

预设1：如果爸爸、妈妈或者老师正好了解这方面的知识，可以直接向他们请教。

预设2：如果需要请教专家，先想一想请教哪位专家，再想一想请教什么问题，把问题整理出来。在请教的时候要有礼貌，做好记录。

预设3：记录的时候还可以用手机录音或录像。

预设4：如果录音或录像，要提前跟专家打招呼，专家同意后才能录。

预设5：如果专家讲的内容没有听懂，不要不好意思问，要继续请教，直到明白为止。

教师点拨：准备好请教时需要的物品，如笔记本、签字笔、录音笔、照相机、摄像机等。如果想录音、拍照、摄像，一定要事先征得被请教者的同意。请教时，要有礼貌。提问时，问话要简洁、清晰，围绕主题，不要过于拘谨，更不能拿着提纲照读。请教后，要及时整理记录的内容，从中采集有价值的信息，并把专家的解答和自己的问题融合在一起，内化成自己的知识，便于后期展示。

教师启发思考：同学们，我们了解了这三种搜集资料的方法，那么这三种方法分别在什么情况下使用更合适呢？

预设1：如果想快速搜集到想要的资料可以上网搜集。

预设2：上网搜集有时资料不完整。

预设3：书中的资料更全面、更详细，所以如果想要全面、详细的资料，还是要用从书中查找的方法。

预设4：有些资料非常专业，书上和网上都找不到准确的信息，这时可以请教专家。

教师点拨：同学们要根据活动内容，结合现有条件，选择合适的搜集资料的渠道，必要时可以将三种渠道结合起来使用。

（设计意图：在学生充分思考、讨论、交流的基础上，教师归纳总结资料搜集的三种方法，并对三种方法的适用范围进行说明，以便学生有针对性地选取某种方法搜集资料，提高资料搜集效率，保证资料的准确性。）

活动三：课下搜集资料。

教师指导：同学们，有了方法的指导，下一步的活动是不是更明确了呢？接下来，请同学们运用学到的方法，根据自己小组活动的需要，在课外有目的地搜集资料。时间为3天。

第三课时：整理资料

【教学目标】

（1）学习整理资料的方法。

（2）了解展示交流的方式。

（3）学生自主整理资料，教师有效指导。

【教学过程】

教师引导：上节课我们学习了搜集资料的方法，老师看到很多同学运用这些方法搜集了大量的资料，那么我们如何对这些资料进行整理呢？这节课我们就一起来探讨这个问题。

活动一：交流探讨，梳理整理资料的方法。

教师提问：同学们，你们看，这是某个小组搜集到的体现汉字趣味的字谜和歇后语的资料（多媒体展示）。该如何整理这些资料呢？请同学们以小组为单位进行讨论。

学生分组交流：

预设：我们小组讨论的结果是，首先把这些资料看一遍，熟悉资料的内容。其次，资料里如果有重复的内容，就把多余的内容去掉。刚才我们就发现有重复的歇后语。最后，把这些资料分类整理，可以把字谜作为一类，歇后语作为一类。

教师点拨：这个小组的资料比较简单，就是字谜和歇后语，假如搜集的是有关汉字起源的资料，就会出现较多的长篇资料，这就需要我们把冗长的内容进行归纳总结。你们看，这篇文章虽然很长，其实就讲了三点：最早刻画的符号距今 8 000 多年；汉字体系正式形成于中原地区；文字成熟于商代。

教师点拨：最后，我们需要把资料进行归类。不同类型的资料要归入不同的类别。

教师点拨：同一类型的资料也要根据需要进行归类。比如，这两份资料都属于字谜，但有的是文字谜，有的是故事谜。我们可以把故事谜的资料放在一起，把文字谜的资料放在一起。这就是根据资料的内容进行归类。当然，我们也可以根据需要按照时间顺序进行归类。

学生总结整理资料的方法：

第一，在小组内交流，熟悉彼此搜集到的资料，再按照展示交流的需要，对资料进行筛选和梳理。

第二，合并重复的部分，归纳冗长的部分，删去错误的部分，也就是去粗存精、去伪存真。

第三，对于同一类型的资料，可根据需要进行归类。比如，按照时间顺序进行归类，根据资料的内容进行归类。

（设计意图：在学生充分思考、讨论、交流的基础上，教师借助示例资料梳理整理资料的方法，使学生明确整理资料的具体步骤。在此基础上，教师概括总结整理资料的方法，以便学生操作，提高整理资料的效率。）

活动二：探讨展示交流的方式。

教师引导：我们通过什么方式展示这些资料呢？

全班交流：

预设 1：制作手抄报。

预设 2：制作 PPT。

预设 3：以展板的方式展示。

预设 4：当场问答。

教师点拨：具体采用什么展示形式，要根据你选择的活动内容来决定。

（设计意图：打开学生的思路，使学生整理资料后能够根据自己的活动内容选择恰当的展示方式。）

活动三：学生整理资料，教师有效指导。

教师引导：接下来请同学们整理搜集到的资料。

学生以小组为单位自主整理资料，教师巡视指导。

（设计意图：学生刚学习了整理资料的方法，在实际操作时难免会遇到问题，教师巡视指导，可以帮助学生将理论和实践紧密结合，从而真正掌握整理资料的方法。）

布置课后作业：请学生结合自己的活动内容，整理资料，采取恰当的展示形式进行成果展示。时间为 2 天。

第四课时：成果展示

【教学目标】

（1）展示学习成果。

（2）通过猜字谜、趣味汉字交流会等活动，让学生深入体会汉字的趣味。

【教学过程】

教师引导：汉字既神奇又有趣，这段时间，同学们都在汉字王国里遨游，相信你们收获满满，了解到许许多多的汉字奥秘。你们想不想把自己小组的研究成果在全班分享，使大家对汉字有更全面、深刻的认识呢？接下来的时间就交给大家，老师期待你们的精彩汇报。

活动一：学生展示。

预设：

主持（男）：汉字是非常古老的文字，也是世界历史上使用时间最长的文字。

主持（女）：汉字的出现标志着我们的祖先向文明迈出了第一步。

主持（男）：一个汉字就是一幅画。

主持（女）：一个汉字就是一段历史。

主持（合）：为了探索汉字的奥秘，今天就让我们一同走进汉字，"汉字真有趣"语文综合实践汇报活动现在开始。下面让我们用热烈的掌声请出"字谜猜猜猜"小组。

张安：大家好，我是"字谜猜猜猜"小组的组长张安，我们组共有7名成员。根据分工，韩宇同学负责搜集文字谜资料，李豪同学负责搜集故事谜资料，王宁和牛诺同学负责整理资料，魏彤和苏宁同学负责制作字谜卡片，我负责展示。我们的活动主题是猜字谜。我们采用查阅图书和网络搜索两种方式搜集资料。我们的字谜特别好玩，你们想不想猜一猜呀？

这是我们给大家带来的汉字谜语（大屏幕展示谜语），快来挑战吧。

张安："一口咬掉牛尾巴"谁会猜？

生1：是"告"。

张安：你真棒！怎么猜出来的？

生1：我是这样想的，牛下边的出头部分被口替代，就是"告诉"的"告"。

张安：看这个"王先生、白小姐坐在石头上"。

生2："王"和"白"挨在一起，加上"石"就是"碧"。

张安：你真聪明！

师：这两个谜语很多同学都猜出来了，老师想向同学们请教一下，你们用什么方法猜出来的呢？

生2：我用的是组合法。大家看第二个，"王先生"的"王"和"白小姐"的"白"先组合在一起，再跟"石头"的"石"组合在一起，这样就形成了"碧"。

张安：你真善于思考！请同学们接着看下边的谜语"肥胖症越来越严重"。

生3：是"瘤"。

张安：你是怎么知道的？能给大家解释一下吗？

生3：我是这样想的，肥胖症是一种病，它有个病字旁，症状越来越严重，就是肉越长越多，即"加肉"，这样就形成了"瘤"字（上台板书展示）。

张安：你真不愧是我们班的"学习之星"呀！

…………

张安：我们组汇报完毕，谢谢大家！

主持（男）：猜字谜不仅让我们感受到了快乐，还能使我们增长汉字知识。接下来有请"谐音万花筒"小组展示你们的风采，大家掌声欢迎。

…………

主持（女）：走进汉字，我们领略了它们的神秘。

主持（男）：走进汉字，我们感受到了它们的有趣。

主持（合）："汉字真有趣"语文综合实践汇报活动到此结束，谢谢大家！

（设计意图：充分发挥学生的自主性，鼓励学生用多样化的形式展示活动成果，使学生在交流中感受汉字的神奇、趣味。）

活动二：学生汇报收获。

教师引导：同学们，这段时间我们尽情地遨游在汉字王国里，领略了汉字的神奇，感受了汉字的趣味，学习了搜集、整理资料的方法，还进行了小组活动，并展示了小组活动成果。在这个过程中，你是怎么跟组员合作的？你遇到了什么困难？你是怎么解决的？你有什么收获？哪些地方你还需要改进？相信你一定有很深的感悟，现在就请你和大家分享一下你的感悟吧。

全班交流：

预设1：在这次活动中我最大的感悟是小组成员一定要团结一致，这样，才能完成任务。

预设2：我的感悟是大家要合理分工，互相帮助。比如，在搜集资料时，我和李明在图书馆翻阅了很多图书都找不到想要的资料，王洪为我们提供了线索，在他的帮助下，我们找到了需要的资料。

教师小结：同学们，你们不仅学到了汉字知识，学会了搜集、整理资料的方法，还懂得了合作、交流、互助。

（设计意图：通过小结，学生梳理开展"汉字真有趣"语文综合实践汇报活动的经验，为下一板块的学习活动做准备。）

活动三：活动评价。

教师引导：同学们，在这次"汉字真有趣"语文综合实践汇报活动中你表现得怎么样呢？请你的老师、你的小组成员、你的爸爸妈妈给你一个星级评价吧，千万别忘了自己也评价一下自己的表现。老师相信你们在这次活动中各方面一定都有进步。

（设计意图：多方评价有利于增强学生的自信心，同时使他们看到自己的不足，便于后期改进。）

结束语：同学们，在这次"汉字真有趣"语文综合实践汇报活动中，大家既增长了知识，又培养了能力。希望大家把这些知识和能力运用到日常学习和生活中。其实，汉字不仅神奇、有趣，还有着悠久的历史、灿烂的文化，你们想不想一探究竟呢？下节课让我们继续遨游汉字王国吧。

活动设计二：我爱你，汉字

【教学目标】

（1）让学生了解一些关于汉字历史和现状的知识，增强对汉字的自豪感，树立规范使用国家通用语言文字的意识。

（2）让学生根据汉字历史、汉字书法或其他感兴趣的与汉字有关的资料，以及调查到的学校、社会用字不规范的情况，撰写简单的研究报告。

【教学重点】

（1）让学生围绕搜集的资料和调查情况写简单的研究报告。

（2）增强学生对汉字的自豪感，使他们产生对汉字的热爱之情，树立规范使用国家通用语言文字的意识。

【教学准备】

多媒体课件。

【课时安排】

3～4课时，课下活动若干次，持续1～2周。

第一课时：学习调查的方法

【教学目标】

（1）让学生了解一些关于汉字历史和现状的知识，增强对汉字的自豪感。

（2）让学生搜集汉字历史、汉字书法或其他感兴趣的与汉字有关的内容，调查学校、社会用字不规范的情况。

（3）让学生学习调查的方法。

【教学过程】

活动一：激发学生研究汉字的兴趣。

教师导入新课：汉字不仅神奇、有趣，还有着悠久的历史，蕴含着丰富的文化。这节课就让我们继续遨游汉字王国，一起走进"我爱你，汉字"，探索汉字的奥秘，感受汉字的博大精深吧！

教师引导：汉字承载着中华民族的希望，充满智慧的中华儿女将汉字与艺术相结合，创作出一件件精美的艺术品。同学们请看（多媒体展示），这是什么？

预设1：我知道，这是剪纸。

预设2：逢年过节家家户户都会将美丽的剪纸贴在家中的窗户、墙壁、门或灯笼上。

预设 3：剪纸代表着吉祥和喜庆。

教师补充：剪纸是我国传统民间艺术。在长期的实践中，心灵手巧的劳动人民将汉字融入剪纸艺术，创作出一件件千姿百态、美轮美奂的剪纸作品。

预设 1：这是印章。

预设 2：我知道人们是在玉石、金属或木头上雕刻汉字，做成印章。

教师补充：印章是我国特有的历史文化产物，它是中国汉字和中国印刷术的结合，是我国书法和雕刻艺术的结合。

教师引导：写一个汉字，神采飞扬；捧一朵墨花，四海飘香。随着书法艺术的不断成熟，我国出现了很多种书法作品形式。看看这些作品（多媒体展示），你能准确说出它们的名称吗？

预设：这是条幅。

教师引导：对！这是启功先生书写的条幅。

预设：这是楹联。

教师引导：我们贴的春联就属于楹联。

预设：这是中堂。

教师引导：在影视剧中，我们常看到客厅中间的墙壁上挂着一幅巨大的字画，这就是中堂。

预设：这是斗方，书法老师告诉过我们。

教师引导：斗方是中国书画装裱样式之一。

预设：这是匾额，我在故宫见过。

教师引导：你对匾额有哪些了解呢？

预设：我发现匾额一般挂在门上方、屋檐下。

教师引导：是啊，匾额是中国古建筑的重要组成部分，相当于古建筑的眼睛，是中华民族独特的文化精品。几千年来，人们将汉字以书法篆刻的形式呈现在匾额上，一点一画都令人神往。

预设：这是条屏。

教师引导：对。

预设：这是扇面。

教师引导：对，扇面是一种常见的书法作品形式。关于扇面，你还知道什么？

预设 1：我知道古代文人在交往中互相赠送扇子。

预设 2：古人还在扇面上进行书法创作。

教师引导：在扇面上写字是我国古代特有的艺术形式之一。

预设：我见过这种书法作品，但不知道叫什么名字。

教师引导：这是册页。

预设：这是手卷，书法老师让我们欣赏过。

教师引导：对，下面这幅手卷作品（多媒体展示），你们知道是谁写的吗？

预设：我知道这是"书圣"王羲之的《兰亭序》。

教师引导：说得对。手卷便于携带，内容丰富，舒卷自如，备受文人墨客的青睐。

教师引导：随着时代的发展，我国艺术家创作的经典作品大多带有汉字元素。你们知道这是什么吗？（多媒体展示）

预设：我发现这是由各种字体的"鸟"组合在一起的。

教师引导：对，这是艺术家徐冰创作的《鸟飞了》，它生动地展现了汉字的演变过程。

预设：我知道这是 2008 年北京奥运会开幕式上展现的"和"字。

教师引导：这三个不同字体的"和"字表达了中国自古以来就一直追求的"以和为贵"的理念。

预设：我看出来了，这是"泉"字。

教师引导：对，这是济南泉城广场的主题雕塑"泉"，它是以篆书"泉"为元素进行创作的。

预设：这是河北省图书馆的标识。

教师引导：中心区域的"冀图"汉字印章体现了汉字的博大精深。

预设：这件礼服上有很多"福"字。

教师引导：这是一套名为"百福图"的礼服，将汉字"福"以刺绣的形式融入礼服设计中，具有中国特色。

（设计意图：以大量体现汉字文化的图片资料导入，用直观的方式将学生带入汉字王国，激发学生学习汉字的兴趣和探究的欲望。）

活动二：组成兴趣小组。

（1）学生自主学习课本材料。

教师启发学生阅读思考：汉字是中华文化的重要组成部分，是中华民族的灵魂。其实，汉字还有很多奥秘，你想知道吗？下面请同学们打开语文课本，阅读"我爱你，汉字"中的5份材料，边读边想：这些材料分别从哪些方面介绍了汉字知识？

教师启发学生阅读思考：刚才同学们都认真阅读了材料，请你们试着完成下面的学习单。

（学习单略。）

（2）集体交流，梳理课本材料。

教师提问：谁来和大家分享一下自己完成的学习单？

预设1：材料1《汉字字体的演变》讲的是汉字字体的演变过程。

预设2：材料2《甲骨文的发现》介绍了甲骨文的发现过程。

预设3：材料3《书法欣赏》展示了几幅书法作品。

预设4：材料4《制定国家通用语言文字法的必要性》讲的是国家通用语言文字法。

预设5：材料5《关于"李"姓的历史和现状的研究报告》展示了研究报告的组成部分。

（3）交流感受，为后面的探究做铺垫。

教师引导：同学们，课本上有和汉字相关的丰富材料，你们对哪方面的内容最感兴趣呢？

预设：汉字字体的演变、甲骨文、汉字规范使用……

教师组织全班学生按照兴趣分组。相同兴趣的学生可以组成兴趣小组，每个小组起一个小组名。

（设计意图：梳理课本内容，将汉字材料分类，使学生心中明确探究的方向，为确定活动主题和制订活动计划做准备。）

活动三：制订活动计划

教师组织：在学生分好小组以后，教师引导学生思考从哪方面研究汉字。

预设：汉字字体的演变、甲骨文、汉字规范使用……

教师引导：活动计划可以让我们合理利用时间搜集需要的资料。课下，请同学们结合自己想研究的活动内容，制订切实可行的活动计划。

（设计意图：学生在第一个活动已经学习了制订活动计划的方法，在这里教师只需要引导学生选择自己想要研究的内容，放手让学生自主探究，这样有利于锻炼学生团结协作制订计划的能力。）

活动四：学习调查的方法。

教师引导：同学们，我国是一个多语言、多民族的国家，规范使用汉字，有利于各民族间的交往和团结。作为祖国的建设者和接班人，我们应该为汉字的规范使用做一些力所能及的事情。同学们可以调查一下街头招牌、书籍、报纸、杂志或者同学的作业本中有没有用字不规范的情况。

教师提出活动要求：我们怎样进行调查呢？请同学们以小组为单位进行讨论。

学生分组交流：

预设 1：我们可以在班里进行调查，翻看一下同学们的语文作业本，找一找错别字。

预设 2：我们调查之后应该把这些错别字汇总在一起，在班里讲一讲，告诉同学们以后不要再写错别字了。

教师点拨：调查方法包括问卷调查、实地调查、网络调查等。同学们要根据调查主题选择合适的调查方法。一般情况下，大多采用实地调查。需要注意的是，如果同学们走出学校进行调查，一定要注意安全，可以同学结伴开展调查，也可以在老师或家长的陪同下进行调查。

（设计意图：学生对"调查"这个概念比较陌生，在学生充分思考、讨论的基础上，教师应详细讲解调查的步骤，以便学生操作。）

布置课后作业：根据你制订的活动计划，运用搜集资料和调查的方法获取与汉字有关的资料，为撰写简单的研究报告提供素材。时间为 3 天。

第二课时：撰写研究报告

【教学目标】

（1）指导学生根据搜集到的汉字历史、汉字书法或其他感兴趣的与汉字有关的资料，撰写简单的研究报告。

（2）能根据调查到的学校、社会用字不规范的情况，撰写简单的研究报告。

【教学过程】

教师引导：汉字是中华文化的重要组成部分，书写了中华民族的历史。同学们在课前运用搜集资料和调查的方法获取了大量与汉字有关的资料，我们如何展示这些资料呢？

全班交流：

预设 1：制作手抄报。

预设 2：制作 PPT。

教师继续引导：我们还可以采用研究报告的形式进行展示。那么，什么是研究报告？如何撰写一篇简单的研究报告呢？这节课我们一起来探讨。

活动一：认识研究报告。

教师启发思考：同学们，你们知道什么是研究报告吗？

预设：我觉得研究报告就是对某个方面进行研究后写的文章。

教师肯定：能用自己的话说出对研究报告的理解，真棒！同学们，你们看，这就是研究报告（多媒体展示）。

教师讲解：研究报告不同于一般的资料梳理与汇总，是研究者围绕问题有目的地搜集资料、调查后，进行分析、得出结论而形成的文字。也就是说，研究报告是一个发现问题、研究问题、形成结论的思维过程。

教师继续讲解：研究报告应用于医疗、服务、金融、教育、建筑等多个领域，包括实证性研究报告、文献性研究报告和理论性研究报告三种类型。有的研究报告有几十页，有的甚至长达上百页。这节课我们试着写一篇简单的研究报告。

（设计意图：学生初次接触研究报告，教师引导学生认识、了解研究报告，为下一步撰写研究报告做铺垫。）

活动二：交流探讨，梳理撰写研究报告的方法。

教师启发学生阅读思考：

同学们，请大家仔细阅读《关于"李"姓的历史和现状的研究报告》，想一想：研究报告基本由几部分组成？每部分包含什么内容？

全班交流：

预设1：研究报告包括标题和正文。

预设2：正文包括问题的提出、研究方法、资料整理和研究结论。

教师提出活动要求：研究报告的每一部分在撰写时有什么具体要求呢？请同学们以小组为单位进行讨论。

学生分组交流：

预设1：我觉得研究报告的标题要体现研究的主要内容，也就是把研究的是什么写出来。

预设2：研究报告的标题不能太长，跟我们写作文题目一样，要简短、概括。

教师点拨：标题不仅要体现研究的主要内容，使他人对所研究的问题一目了然，还要准确、新颖、简洁。

预设1：我觉得"问题的提出"要写出研究这个问题的原因。

预设2：我发现在"问题的提出"这部分，作者先写他发现周围很多人姓"李"，于是他就产生了疑问。为了解决这些疑问，他对"李"姓历史和现状进行了研究。

教师点拨：你们真善于思考！作者先写了自己发现的现象，即周围很多人姓"李"，接着写由这些现象引发的一连串疑问，最后写为了解决这些疑问，确定了怎样的研究主题。

预设：在写"研究方法"时，我们要把研究时用的方法罗列出来。

教师点拨：任何一项研究都离不开方法的支撑。研究的方法有很多，包括观察法、调查法、实验法、文献研究法等。我们在描述研究方法时，要梳理出若干个点，还可以根据需要插入表格或图片，使读者一目了然。

预设1："资料整理"就是把搜集到的资料整理出来。

预设2：我发现这份研究报告是把资料分成三类：来源、历史名人、现状。

预设3：资料要分类整理。

教师引导：同学们要注意，这里呈现的资料是经过搜集、筛选和梳理后的资料。这份研究报告研究的是"李"姓的历史和现状，其中，来源和历史名人都属于"李"姓历史，现状就是"李"姓现状。这是按什么方式呈现的呢？

预设：按问题呈现。

教师点拨：对！所以，整理资料时，我们可以按照问题的几个不同方面来呈现内容，也可以按照时间顺序呈现内容。具体采用什么呈现形式，还要根据研究的问题来确定。

预设1：在写"研究结论"时，内容要和"整理的资料"对应。

预设2：研究结论的语言要严谨。

教师点拨：说得对。在总结研究结论时，要认真分析整理的资料，梳理出若干个点，使资料和结论相对应。必要时，可以插入表格或图片，这样，更有说服力。而且，研究结论要措辞严谨，逻辑严密，文字简明具体，不能模棱两可，也不能有想象和夸张的成分。

教师启发思考：同学们，明确了一篇简单的研究报告的组成部分及写作要求，在撰写研究报告时我们还需要注意什么呢？

全班交流：

预设：研究报告的资料必须是真实的。

教师点拨：撰写研究报告时还需要注意三点。第一，撰写研究报告要有"三严"的精神，即严肃的态度、严谨的学风、严密的方法，而且报告必须达到"五性"要求，即科学性、客观性、公正性、确证性、可读性。这样的报告才可能是有一定质量的研究报告。第二，研究报告的语言要平实、严谨。研究报告一般用说明性的文字陈述，避免使用抒情性文字。第三，"问题的提出""研究方法"和"研究结论"是一篇研究报告必不可少的部分，"资料整理"部分不一定每篇研究报告都有，可视情况而定。

教师启发思考：同学们，"问题的提出"和"研究结论"之间有什么关系？

预设：每一个问题都对应着一个结论。

教师点拨：同学们在语言表述上要尽量做到前后呼应。

教师点拨：如果你在研究过程中参考了某些文献，就一定要在研究报告的结尾注明参考文献。

教师点拨：同学们要根据自己的能力选择适合的研究内容，既不要过于简单，也不要过于深奥。一个小组的同学应分享彼此搜集的资料和调查的结果，做到资源共享、互相帮助。我们的研究报告是围绕汉字文化及规范汉字等方面研究的，所以报告完成后，请同学们宣传汉字文化，并为汉字的规范使用做力所能及的事。

（设计意图：研究报告的撰写对学生来说有一定难度，在学生充分思考、讨论的基础上，教师详细讲解每一部分的写作要求，以便学生独立写作。）

活动三：学生撰写研究报告。

教师引导：接下来就请同学们结合搜集的资料、调查的内容，运用所学的方法撰写一篇简单的研究报告。

学生撰写研究报告，教师巡视指导。

预设：

关于"陈"姓的研究报告

一、问题的提出

我们班有好几位同学姓"陈"，我也是其中一个。前几天，我在课本上看到了《关于"李"姓的历史和现状的研究报告》，觉得这篇研究报告很有意思，所以我对"陈"姓的历史和现状做了一次调查与研究。

二、研究方法

（1）查阅有关姓氏的书籍、报纸、期刊。

（2）上网浏览。

三、资料整理

（1）来源：据说"陈"姓出自陈胡公的后裔。

（2）历史名人：陈胜、陈寿、陈子昂、陈独秀等。

（3）现状：据统计，目前全国"陈"姓人口数量大约有 7 000 万。

四、研究结论

（1）我国的"陈"姓历史源远流长。

（2）"陈"姓历史名人有很多，如秦朝农民起义将领陈胜、西晋史学家陈寿、唐朝文学家陈子昂、中国近现代史上伟大的革命家陈独秀……"陈"姓在历史上可真是人才辈出。

（3）"陈"姓是当代中国的第五大姓。

教师指导：首先，标题要体现研究的主要内容，你具体研究"陈"姓什么方面的内容呢？要把研究的主要内容写清楚，如"陈"姓的历史和现状。其次，研究结论和整理的资料内容是相对应的。由"据说'陈'姓出自陈胡公的后裔"这份资料得不出"我国的'陈'姓历史源远流长"这个结论。你应该再补充陈胡公及其后裔的资料。"资料整理"中的"历史名人"需要再丰富才能得出"'陈'姓人才辈出的结论"。"目前全国'陈'姓人口数量大约有 7 000 万"不能得出"'陈'姓是当代中国的第五大姓"的结论，还需要再补充全国姓氏排名的资料。

学生根据教师提出的建议，修改、完善自己的研究报告。

布置课后作业：结合研究报告的撰写要求，修改、完善你的研究报告。

第三课时：成果展示

【教学目标】

（1）能运用搜集、调查到的与汉字有关的资料撰写简单的研究报告，举办一场研究报告汇报会。

（2）增强学生对汉字的自豪感，使学生产生对汉字的热爱之情，树立规范使用国家通用语言文字的意识。

【教学过程】

教师引导：同学们，这段时间我们在汉字王国里感受到了汉字的无穷魅力。在这美妙的过程中，我们分组制订了活动计划，确定了活动内容，多方查阅资料，有的小组还走进大街小巷去调查，并对资料进行整理、归类、总结，相信你们一定有不少收获，接下来的时间就交给大家，老师期待你们的精彩汇报。

活动一：学生展示。

预设：

主持（男）：汉字是一个个流淌的音符，尽情地展现着中华文化的无穷魅力。

主持（女）：汉字是文明的使者，它被誉为无言的诗、无形的舞、无图的画、无声的乐。

主持（男）：汉字是美的，我们要懂得欣赏，更要珍惜。

主持（合）：接下来就让我们一同走进汉字，"我爱你，汉字"研究报告汇报活动现在开始。下面让我们用热烈的掌声请出"姓氏研究小组"。

陈明：大家好，我是"姓氏研究小组"的组长陈明，我们组共有 6 名成员。根据分工，张宇、李子涵同学负责搜集"陈"姓历史资料，田辉同学负责搜集"陈"姓现状资料，王昊、马跃和我负责整理资料。将资料整理好后，我们每人撰写了一篇《关于"陈"姓的历史和现状的研究报告》。接下来，我向大家展示我撰写的研究报告，欢迎大家多提宝贵意见。

大屏幕展示研究报告：

关于"陈"姓的历史和现状的研究报告

一、问题的提出

我们班有好几位同学姓陈，我也是其中一个。前几天，我在课本上看到了《关于"李"姓的历史和现状的研究报告》，觉得这篇研究报告很有意思，所以我也对"陈"姓的历史和现状做了一次调查与研究。

二、研究方法

（1）查阅书籍、报纸和期刊。

（2）网络搜索。

（3）请教身边的人。

三、资料整理

（1）来源：据说周武王灭商后，追封前代圣主的后裔，找到了舜的后裔妫满，封他为陈侯，奉守舜的宗祠。妫满死后，谥号"陈胡公"，他的后代就姓"陈"。另外，隋朝及明朝的部分将领因立功被帝王赐予"陈"姓，还有部分少数民族改为"陈"姓。

（2）历史名人：秦二世元年（公元前 209 年），陈胜、吴广发动中国历史上第一次大规模的农民起义，他们成为反秦义军的先驱；西晋史学家陈寿历经十年艰辛，完成了纪传体史学巨著《三国志》；唐代朝学家陈子昂与李白、孟浩然等十人合称"仙宗十友"，其诗风骨峥嵘，寓意深远；中国近现代史上伟大的革命家、启蒙思想家、民主主义者陈独秀创办了白话文刊物《新青年》；等等。

（3）现状：2019 年"百家姓"按户籍人口数量排名，"王""李""张""刘""陈"

依旧占据头五把"交椅"。

四、研究结论

（1）我国的"陈"姓历史源远流长，舜的后裔妫满死后，谥号"陈胡公"，他的后代就姓"陈"。另外，隋朝及明朝的部分将领因立功被帝王赐予"陈"姓，还有部分少数民族改为"陈"姓。

（2）历史上"陈"姓名人很多，如秦朝农民起义将领陈胜、西晋史学家陈寿、唐朝文学家陈子昂、中国近现代史上伟大的革命家陈独秀……可真是人才辈出。

（3）2019年，我国户籍人口"陈"姓排名第五。

主持（女）：听了陈明同学的汇报，同学们有什么感受呢？如果有好的建议也可以提出来，我们互相学习、共同进步。

生1：我觉得这篇研究报告不但格式规范，而且"资料整理"和"研究结论"紧密对应，结论明确。

生2：我觉得这篇研究报告在"问题的提出"部分写得很清楚，就是按照发现现象、引发思考、确定主题的顺序来写的。

…………

陈明：谢谢大家！

主持（男）：感谢陈明同学的分享。接下来，请"姓氏研究小组"的另一名成员李子涵同学和大家分享研究报告，大家掌声欢迎。

…………

主持（男）：感谢"姓氏研究小组"的分享。接下来，请"汉字演变小组"进行汇报，大家掌声欢迎。

…………

主持（女）：走进汉字，我们领略了它的无穷魅力。

主持（男）：走进汉字，我们感受到它的博大精深。

主持（合）：同学们，让我们行动起来，规范用字，写好汉字，传承汉字吧！"我爱你，汉字"研究报告汇报活动到此结束，谢谢大家！

（设计意图：通过一系列展示汇报，学生不仅能增长关于汉字历史和文化方面的知识，还能增进对汉字的了解，增强对汉字的热爱之情。）

活动二：学生汇报收获。

教师引导：同学们，这段时间我们领略了汉字的神奇，感受了汉字的趣味，了解了汉字的文化，明白了汉字的规范，并学会了制订小组活动计划，学习了搜集、整理资料的方法，也懂得了如何撰写简单的研究报告。在这个过程中，你遇到了什么困难？你是怎么解决的？你有什么收获？你觉得自己还需要改进哪些地方？相信你一定有很深的感悟，现在就请你和大家分享一下自己的感悟。

全班交流：

预设1：这次活动让我了解了关于汉字起源的多种说法，了解了汉字的发展历史，感受到了祖国文化的博大精深。在搜集资料的过程中，我知道了做好这件事情真的不容易，单靠一个人的力量很难完成，还是人多力量大。

预设2：在这次活动中，我最大的感悟是汉字历史悠久、博大精深，是我国的文化瑰宝。我们一定要从自身做起，认真书写汉字，规范使用汉字，并呼吁更多的人规范使用汉字。

教师小结：你们不仅学到了汉字知识，感受到了汉字文化，懂得了合作、互助的重要性，更重要的是懂得了为汉字的规范书写和推广做力所能及的事情。你们真了不起！"我爱你，汉字"是每一个中华儿女内心深处的真情告白。因此，我们要规范用字、写好汉字、传承汉字，弘扬中华民族的优秀传统文化。

（设计意图：通过小结，学生梳理开展"我爱你，汉字"研究报告汇报活动的经验、感悟，为课后继续探索汉字的奥秘奠定良好的基础。）

活动三：活动评价。

教师引导：同学们，在这次的"我爱你，汉字"研究报告汇报活动中你表现得怎么样呢？请你的老师、小组成员给你一个星级评价吧。老师相信你们通过这次活动一定都有进步。

（设计意图：学生在此环节获得成就感，既能增强自信心，又能看到自己的不足，便于后期改进。）

结束语：同学们，虽然"我爱你，汉字"研究报告汇报活动结束了，但我们对汉字的探究并没有结束。有兴趣的同学可以继续探究汉字的相关内容，如名字的奥秘、汉字部首的变化等，相信你会有新的发现和感悟。

"口语交际：聊聊书法"教案

六年级上册

【教材分析】

本次口语交际活动的内容是聊聊书法。书法是中国传统文化的重要组成部分，散发着独特的魅力。在前面单元的语文园地中，我们接触过"书法提示"，了解了汉字书写时的一些注意事项，还在班内举办了书法作品展览。所以，聊书法，大家应该有话可谈。但此次口语交际活动的重点不在于聊书写，而是书法的方方面面，如聊聊古代著名书法家，聊聊自己欣赏的书法作品，聊聊自己学习书法的经历，等等。学生可就自己感兴趣的话题来聊，从而全方位地感受书法的艺术魅力，体会书法蕴含的文化之美，激发欣赏书法、学习书法的兴趣。在正式开展口语交际活动之前，学生与教师都要做好资料（如图片、实物等）搜集工作，这样才能在课堂上有话可聊。

本课包含三部分内容。第一部分明确了交际任务，即先总结了书法的艺术价值，然后通过呈现《兰亭序》让学生进一步感受书法魅力。第二部分提供了交际内容，启发学生思考。前两个话题主要引导学生谈自己对书法家及书法作品的认识，后两个话题主要引导学生结合自己的书法实践谈感受及收获。这部分还提出要在交际前搜集资料，以做好交际准备。第三部分提出了本次交际的具体要求：一是表述要清楚；二是结合图片、实物等让讲述更生动。同时，这部分提示了可以利用多种方式，让交流更丰富。

如何围绕话题使表述清楚？"小贴士"进行了提示——"有条理地表达，如分点说明"，即话题内容较多时，可以分成不同的小点讲述。

"小贴士"还提到"对感兴趣的话题深入交谈"。深入交谈不仅包括讲述，还包括倾听。只有倾听，学生才能对话题进行补充和提出不同看法，这是"深入交流"的关键。以往口语交际活动中学生学到的"追问""回应"等方法都可以在情境中运用。这样就能让口语交际有目的地围绕中心进行，学生的表达能力也能有所提升。

【学情分析】

对于六年级的学生来说，他们对书法已有自己的认识。有的学生有学习书法的经历，对书法家和书法本身有一定的了解；有的学生阅读广泛，知道一些书法家的故事；等等。而且，在前面单元的语文园地中，学生接触过"书法提示"，了解过书写时的注意事项，甚至可能个别班级举办过书法作品展览。所以，"聊聊书法"这个话题对学生来说是适合的，他们会有话可说。教师在课前可以请学生阅读有关书法家的文章，也可以让学生搜集书法家的作品图片，这对学生深入了解话题会有辅助作用。

话题的交际不是难点，如何交际才是难点。怎样有条理地进行"分点说明"是学生本次交际的重点。从六年级学生的交际水平看，清晰的思维和逻辑是交际成功的关键，所以教给学生基本的"分点说明"的方法非常重要。比如，讲之前先思考要讲述的有哪几个方面，然后合并相同的部分等。另外，还可以用"中心句式"的方式表达一个观点。掌握了这样的方法，学生对"有条理地表达"会操作得更好。

"深入交谈"对学生来说是难点，因为深入交谈的前提是认真倾听，而且要带着自己的想法和感受进行倾听，对其中感兴趣的情节进行追问或补充，有理有据地提出自己的看法。利用本课新学的方法，小组练习讲述书法家或自己练习书法时的故事，并且在小组内对感兴趣的话题进行补充、提问，实现互动交际和评价。不仅如此，教师还可以创设交际情境让学生参与其中，以提高学生的交际兴趣和表达能力。

【教学目标】

（1）让学生了解中国书法的特色，产生民族自豪感。

（2）让学生学会有条理地表达，如可以分点说明。

【重点、难点】

（1）让学生通过此次活动对中国书法有一个基本了解，从而去关注中国书法。

（2）让学生学会搜集资料，整理观点，有条理地表达。

【教学准备】

教师：

（1）名家书法作品的图片。

（2）笔、墨、纸、砚等书法用具。

学生：

（1）就感兴趣的话题提前搜集相关资料。

（2）旧报纸、毛笔、墨水。

【课时安排】

1课时。

【教学过程】

一、写一写，激趣导入

（1）书写导入。

①教师让学生拿出准备好的笔、墨、纸，写出自己的名字，或写上自己喜欢的成语。

②学生先在小组内展示自己的书法作品，然后由小组推选优秀作品在全班展示。

③教师采访书写优秀的学生，问问他们为什么能将字写得这么好。

预设：六年级的学生或多或少会接触书法，有些学生还学过书法。至于没有学过书法的学生，此时亲自拿笔写一写，感受传统的书写方式也是一件很有意义的事。

（2）教师播放关于书法的纪录片，让学生初步感受书法艺术之美。

过渡：同学们，有人说书法是无言的诗、无形的舞、无图的画、无声的乐，可以说其是一门综合性艺术。数千年来，人们书写都是靠笔、墨、纸、砚，用硬笔书写的历史与之相比，实在是短暂。今天，我们就来聊一聊书法。

二、赏一赏，感受魅力

（1）教师做好欣赏指导，让学生欣赏课本上的书法作品。

晋永和九年三月初三（353年4月22日），时任会稽内史的王羲之与友人谢安、孙绰等文人在会稽山阴的兰亭饮酒赋诗。王羲之将这些诗赋辑成一集，并作序一篇，记述流觞曲水一事，抒发由此而引发的内心感慨。这篇序文就是《兰亭序》。

《兰亭序》也称《兰亭集序》《临河序》等，其通篇遒劲飘逸，字字精妙，符合传统书法的基本审美观：文而不华，质而不野，不激不厉，温文尔雅。其笔法刚柔相济，书体以散求正，线条变化灵活，点画凝练，被历代书法家奉为极品。欣赏《兰亭序》，我们能感受到其无穷的魅力。

（2）读一读描写书法作品的词语，学会鉴赏书法作品。

过渡：古人鉴赏书法会使用一些非常精妙、生动的词语。现在我们就来读一读、记一记，以后在鉴赏书法时就知道如何评价了。

形容书法好的词语：

力透纸背：形容书法遒劲有力。

龙飞凤舞：如龙飞腾，似凤飞舞，形容书法笔势舒展活泼。

龙蛇飞动：形容书法笔势劲健生动。苏轼《西江月·平山堂》："十年不见老仙翁，壁上龙蛇飞动。"

鸾飘凤泊：形容书法笔势潇洒飘逸。

鸾翔凤翥：比喻书法笔势飞动舒展。

美女簪花：形容书法风格娟秀多姿。

入木三分：形容书法笔力强劲。相传王羲之在木板上写字，墨汁渗入木板有三分深。

铁画银钩：形容书法刚健柔美。

笔酣墨饱：笔墨运用得很畅快、很充分，形容书法酣畅浑厚。

笔走龙蛇：笔下龙蛇腾跃，形容书法笔势雄健洒脱。

剑拔弩张：剑从鞘里拔出来了，弓也张开了，比喻书法雄健，有气势。

落纸烟云：笔墨落到纸上如同烟一样变幻多姿，形容书法高超玄妙、变化多姿。

（3）了解文字的演变，欣赏不同的作品，感受汉字的悠久历史与艺术魅力。

①甲骨文—钟鼎文—篆书（出示图片）。早在 5 000 年前，我们的祖先就在龟甲、兽骨上刻了许多用于记载占卜、天文历法、医术的原始文字——甲骨文。到了夏商周时期，由于生产力的发展，人们掌握了金属的冶炼技术，便在金属器皿上铸上当时的一些天文、历法等，这就是钟鼎文（又称"金文"）。秦统一全国以后，为了方便政治、经济、文化的交流，便将各国纷杂的文字统一为秦篆。为了有别于以前的大篆，秦篆又称小篆。这三种文字是以象形为主的字体。（请学生讨论这几种字体的特点。）

②隶书—草书—行书—楷书（出示图片）。到了秦末汉初这一时期，各地交流日益增多，由于小篆书写较慢，不能满足人们的需要，隶书便诞生了。这种字体据说当时在下层官吏、工匠、奴隶中较为流行，故称隶书。与此同时，还出现了一种辅助隶书的简便字体——草书。草书的结构简单、笔画连绵，主要用于起草文书。后来，经书法家加工，草书有了比较规整、严格的形体，可以用在一些官方场合。行书相传始于汉末，是介于楷书、草书之间的一种字体。楷书也始于汉末，自魏晋时期通用至今，其笔画平整，形体方正。

教师归纳：它们的共同特点是摆脱了象形走向抽象化。

③教师出示各字体的代表书法作品，让学生直观感受书法艺术的风格多样化。

三、聊一聊，交流话题

（1）让学生根据自己感兴趣的话题及课前搜集的资料，分成 4 个小组交流不同的话题。

①展示交流话题，给出交流提示。

话题一：你知道我国古代哪些书法家？你知道他们的哪些故事？

（搜集的故事要有典型性，要组织好语言，绘声绘色地讲。）

话题二：你参观过书法艺术作品展览吗？你欣赏哪些人的作品？

（学生要结合自己的参观经历，说出所欣赏作品的艺术特色或吸引自己的地方。）

话题三：你学习过书法吗？在这一过程中，你有什么特别的感受？

（学生要真实地说出自己的感受，学习书法的过程中有苦有乐，但肯定收获多多。）

话题四：你认为练习书法有什么益处？

（分点说明，要有条理，可结合具体的事例来说。）

②提出交流要求。

a.选择自己感兴趣的话题，在4人小组中谈一谈。和同学交流时，你的表述要清楚，可结合图片、实物等资料，让你的讲述更加生动。

b.有条理地表达，如可以分点说明；对感兴趣的话题要深入交流。

c.一人发言时，其他同学认真倾听，可提出问题。

d.小组内评选出一位同学代表小组在全班发言。

（2）全班交流。

预设1：说说古代书法家的故事。

生：我国古代有许多杰出的书法家，我最喜欢的是有"书圣"之称的王羲之，其代表作《兰亭序》被誉为天下第一行书。关于他的故事流传下来的有很多，有些非常有意思。我给大家分享一个。

有一年，王羲之连贴了三次对联都被喜爱他的字的人偷偷揭走了。临近除夕，他不得不又写了一副。但他怕再被人揭去，就上下剪开，先贴上一半。上联是"福无双至"，下联是"祸不单行"。这样果然奏效，人们见他写的不是吉庆的内容，也就不再揭了。天亮之时，王羲之又贴了下一半，对联就成了"福无双至今日至，祸不单行昨夜行"。路人闻之，皆击掌叹绝。

预设2：说说自己参观书法作品展的经历。

生：我没有去过大的书法艺术作品展，但去年我们学校在小礼堂举办过一次师生书法艺术作品展，我和好朋友一起去看过。参加展览的作品非常多，有许多我很喜欢。比如，我们班上的××就写了一幅作品参展，我觉得他写的字特别好看！他练了好几年书法，小楷写得既整齐又秀气。因为他的字写得好，所以平时的黑板报总是由他来写字。他还给我写过几幅书法作品，我非常佩服他。

预设3：说说学习书法过程中的特别感受。

生：去年，我看见我表哥写的字很漂亮，很羡慕他，于是便产生了要学习书法的念头。我把这个想法告诉了爸爸，爸爸就找了一位孙老师教我学习书法。他先教我从基本的笔画"点、横、竖、撇、捺"写起，然后进行字的组合练习……经过一年的刻苦训练，我的写字水平有了很大的提高，自信心也增强了。学习书法让我收获最大的不单是写好了字，更重要的是使自己各方面的能力得到了锻炼和提升。我在学习书法的过程中还学到了做事要有持之以恒的毅力、专心致志的定力、细致入微的眼力、周密分析的脑力等。有了这些"力"，我就能更加全面地发展。

预设4：说说学习书法的益处。

生：我从7岁就开始学习书法了，也非常喜欢书法。在学习书法的过程中，我认识到书法学习是一个长期而艰苦的过程，但是收获也很多。学习书法不仅让我的字变得规范、整洁，还使我变得"静"，培养了我专心、细心、耐心的品质。此外，学习书法也是对中华优秀传统文化的继承和弘扬。

四、议一议，拓宽思维

（1）想一想生活中哪些地方可以看到书法作品。

预设：引导学生留意书法与生活之间的关系。由于科学技术的发展，当前电脑已能"写"出十分漂亮的书法作品，真正用笔墨写出的书法作品越来越少，而且大多数人在日常生活中与书法的联系不多，书法似乎有点曲高和寡。

（2）出示名家文章片段。

鲁迅《论毛笔之类》片段：

我自己是先在私塾里用毛笔，后在学校里用钢笔，后来回到乡下又用毛笔的人，却以为假如我们能够悠悠然，洋洋焉，拂砚伸纸，磨墨挥毫的话，那么，羊毫和松烟当然也很不坏。不过事情要做得快，字要写得多，可就不成功了，这就是说，它敌不过钢笔和墨水。譬如在学校里抄讲义罢，即使改用墨盒，省去临时磨墨之烦，但不久，墨汁也会把毛笔胶住，写不开了，你还得带洗笔的水池，终于弄到在小小的桌子上，摆开"文房四宝"。况且毛笔尖触纸的多少，就是字的粗细，是全靠手腕做主的，因此也容易疲劳，越写越慢。闲人不要紧，一忙，就觉得无论如何，总是墨水和钢笔便当了。

余秋雨《笔墨祭》片段：

过于迷恋承袭，过于消磨时间，过于注重形式，过于讲究细节，毛笔文化的这些特征，正恰是中国传统文人群体人格的映照，在总体上，它应该淡隐了。

这并不妨碍书法作为一种传统艺术光耀百世。喧闹迅捷的现代社会时时需要获得审美慰抚，书法艺术对此功效独具。我自己每每在头昏脑涨之际，近乎本能地把手伸向那些碑帖。只要轻轻翻开，洒脱委和的气韵立即扑面而来。

阅读与思考：

①这几段文字中提到了书法的哪些缺点？

（不方便使用，不方便记录许多文字，浪费时间，过于注重形式，过于讲究细节。）

②这几段文字中提到了书法的哪些优点？

（具有洒脱委和的气韵，能让人在喧闹中获得审美慰抚。）

③说说你对书法与生活之间关系的看法。

五、小结

今天我们聊了书法的方方面面，也对书法的传承现状进行了思考。如果你热爱书法，就练下去，将这门艺术传承下去；如果你觉得练习书法是一件烦琐的事，那么在日常生活中把字写工整也是一个好的选择。有关书法的话题还有很多，好的书法作品更多，希望大家在课后再去看一看、聊一聊，说不定原来不爱书法的你也会慢慢爱上它。

参考文献

[1] 叶培贵.《中小学书法教育指导纲要》解读 [M]. 北京：书法出版社，2015.

[2] 孙宝文. 九成宫醴泉铭：李祺本 [M]. 上海：上海辞书出版社，2014.

[3] 孙过庭. 书谱 [M]// 上海书画出版社，华东师范大学古籍整理研究室. 历代书法论文选. 上海：上海书画出版社，2014.

[4] 张天弓. 书法欣赏 [M]. 北京：书法出版社，2015.

[5] 中华人民共和国教育部. 中小学书法教育指导纲要 [M]. 北京：北京师范大学出版社，2013.

[6] 中华人民共和国教育部. 义务教育语文课程标准：2022 年版 [S]. 北京：北京师范大学出版社，2022.

后 记

　　书法是中国传统文化的重要组成部分，是中华民族的珍贵遗产，被誉为无言的诗、无形的舞、无图的画、无声的乐。《义务教育语文课程标准（2022 年版）》要求小学语文教学规范汉字书写，这是提升学生语文综合素养的必要途径。

　　小学语文教材中，每篇课文的识字量、写字量要求不尽相同。在小学语文教学中，教师要根据课文内容，结合识字、写字要求，适量渗透书法知识。比如，在学习生字时，教师可为学生展示该汉字的演化过程。这样，既可以渗透书法教学，又让学生明了字义，可谓一举两得。

　　总而言之，书法教学对继承与弘扬中华优秀传统文化，提升学生的民族文化自信心具有重要意义。当代小学语文教学应当从此出发，力求将书法这一文化宝藏融入学生的语文学习中，实现书法教学和语文教学的高效融合。这对当代小学语文教师来说既是挑战，也是提升教学能力的机遇，更是新课标背景下学生核心素养提升的新方式、新趋势。

李雪萍

2022 年 9 月